RÉCI

ou Lettr

de Marins F

accompagnées de Commentaires

par CHARLES DUEBONE

Directeur honoraire
au Ministère de la Marine

PRÉFACE DU VICE-AMIRAL

PARIS · SOCIÉTÉ D'ÉDITIONS
MARITIMES ET COLONIALES

Lettres inédites
de Marins français

OUVRAGES DU MÊME AUTEUR

L'Hôtel de la Reine Marguerite, première femme de Henri IV. Paris 1881. 1 vol. (de la collection des Bibliophiles Parisiens).

La Rue du Bac. Monographie parisienne. Paris 1894. 1 vol.

Histoire Générale des Ponts de Paris. Paris 1911. 2 vol.

Chaillot et ses souvenirs. Paris 1923. 1 vol.

En préparation :

Journal de Madame Rose de Saulces de Freycinet. (*Expédition scientifique de la Corvette française* l'Uranie, *en* 1817.) 1 vol. gravures et cartes.

RÉCITS MARITIMES

ou

Lettres inédites de Marins français

accompagnées de commentaires

PAR

Charles DUPLOMB

Directeur honoraire au Ministère de la Marine

PRÉFACE DU VICE-AMIRAL BIENAIMÉ

PARIS

SOCIÉTÉ D'ÉDITIONS

GÉOGRAPHIQUES, MARITIMES ET COLONIALES

Ancienne Maison CHALLAMEL fondée en 1839

17, RUE JACOB (VIe)

1924

PRÉFACE

M. Charles Duplomb a appartenu pendant plus de trente ans à l'administration centrale du ministère de la rue Royale qui, avant l'invasion de certains barbares, vivait avec les corps d'officiers, dans lesquels elle se recrutait d'ailleurs en partie, dans la plus cordiale intimité. Il y est entré à l'époque où la Marine Française était en plein réveil et sa carrière s'est poursuivie pendant la période si particulièrement intéressante au cours de laquelle nos amiraux, avec le concours des troupes de la marine, ont poursuivi avec une si belle maîtrise la conquête du domaine colonial dont nous sommes aujourd'hui si fiers.

Beaucoup ont pu l'oublier jusqu'à ne plus penser que ce qui a été acquis par la mer ne peut être gardé que par elle et que, si nous ne voulons pas y mettre le prix, nous nous exposerons à perdre le bénéfice de l'effort considérable accompli par les hommes de notre génération, effort auquel nous avons dû, grâce au concours que nous ont apporté nos colonies, le salut de notre pays. Mais ceux qui ont vécu ces temps-là s'en souviennent et ils ont gardé fidèlement le souvenir des grands chefs auprès desquels ils ont eu l'honneur de servir et qui leur ont permis, chacun dans leur sphère, de participer à la grandeur de la patrie.

C'est dans ce milieu que M. Charles Duplomb a appris à connaître, par conséquent à aimer la Marine, et lorsqu'il l'a quittée, comme directeur honoraire, il y a bientôt vingt-cinq ans, elle lui est restée si chère qu'il lui a consacré sa passion de collectionneur à rechercher les documents pouvant servir, en la faisant mieux connaître, à la faire apprécier davantage non seulement par le gros public, mais par les personnes qui, bien que mieux instruites, s'y intéressent si peu.

Sa patience et sa bonne fortune lui ont permis de découvrir, soit dans les grandes ventes, soit chez les marchands de Paris, des lettres autographes qui éclairent de façon particulière la vie de nombre de marins illustres, ayant, à toutes les époques, largement contribué à la gloire de notre pays. Il en a réuni une première tranche, en les accompagnant de commentaires destinés à en faire ressortir l'intérêt, dans un volume illustré de cartes et de nombreux portraits, qui sera certainement bien accueilli par toutes les personnes qui vivent ou ont vécu de l'existence de la mer et par la jeunesse qui aspire à les remplacer.

L'auteur n'a pas eu la prétention d'ajouter une page d'histoire à toutes celles qui ont déjà été écrites ; mais le livre qu'il présente aura l'avantage de faire revivre, sous la forme intime de leur correspondance privée, quelques-unes des grandes figures qui ont auréolé à travers les siècles une marine qui, dans ses jours heureux ou malheureux, s'est toujours montrée si fertile en héroïsme.

Puisse cette contribution à leur souvenir réveiller chez nous les sympathies qu'elle mérite et rappeler aux générations nouvelles, qui semblent l'avoir trop oublié, que, sans la mer et de bons marins, on ne peut ni conserver ses colonies, ni profiter de la paix, ni soutenir la guerre.

Vice-Amiral Bienaimé.

Pl. I

Vice-Amiral Charles BAUDIN

IMP. CATALA FRÈRES

RÉCITS MARITIMES

LE VICE-AMIRAL CHARLES BAUDIN
1784-1854

La Marine française compte quatre marins du nom de Baudin :

Nicolas Baudin, né en 1750 et mort en 1803, à l'âge de cinquante-trois ans. Il était entré dans la marine militaire en 1786 et parvint au grade de capitaine de vaisseau. Il s'occupa tout spécialement d'hydrographie et d'histoire naturelle[1].

François-André, baron Baudin, né en 1774 et mort contre-amiral en 1842.

Auguste-Laurent-François Baudin, qui devint contre-amiral en 1855.

Enfin *Charles Baudin,* fils du conventionnel Baudin, des Ardennes. Il était né à Sedan, le 21 juillet 1784. Entré en 1799, comme novice, dans la marine militaire,

1. *Voyage de découvertes aux terres Australes.* Paris, 1807-1816, 5 vol. in-4° et in-fol.

il devint rapidement aspirant et enseigne. En 1808, il perdit le bras droit dans un combat contre les Anglais; mais il n'en continua pas moins de servir.

Les événements de 1814 et de 1815 ne lui furent pas favorables. Démonté par deux fois du commandement de la *Dryade*, à Toulon, commandement qu'il exerçait en qualité de capitaine de vaisseau, il fut mis en non-activité de service le 1er janvier 1816.

Il demanda alors sa retraite, avec l'autorisation de naviguer pour le commerce, donnant, pour prétexte, que, son patrimoine ayant été diminué par la Révolution, il devait abandonner à sa mère le reste de ce qu'il possédait. *Je sais par mon expérience, écrivait-il, qu'il est impossible de se maintenir avec dignité au service sans une certaine fortune, et, privé de l'ancienne, avec une santé affaiblie par les blessures, je ne veux pas être réduit à servir moins honorablement ou moins activement que par le passé.*

Charles Baudin fonda alors une maison de commerce au Havre. Il se fit armateur, devint juge au tribunal de commerce de cette ville, membre de la chambre de commerce, directeur de la compagnie d'achèvement du port, etc...

Le 7 novembre 1830, il était, sur sa demande, réintégré dans son grade de capitaine de vaisseau. *Tu te rappelles sans doute, écrit-il à l'un de ses amis*[1], *que, décidé à rentrer dans mon ancienne carrière*

1. Cette lettre est datée à bord de l'*Héroïne*, rade de Lisbonne, 22 novembre 1833.

et libre enfin des liens de devoir qui m'avaient si longtems enchaîné au Havre, j'étais venu me mettre à la disposition du Roi et du Ministre. J'avais reçu l'assurance du premier commandement vacant dans la Méditerranée et déjà je m'occupais d'expédier mon bagage à Toulon, tout plein de l'espoir de te revoir encore en passant par Paris, lorsque, dans les premiers jours de juillet [1833], *le ministre m'a fait offrir l'*Héroïne, *à Cherbourg. Il accompagnait cette offre de l'expression du désir que je me trouvasse dans ce port au moment du voyage du Roi qui y était dès lors attendu. C'était de sa part une attention trop obligeante pour me permettre d'hésiter, bien qu'en attendant quelques semaines j'eusse eu dans la Méditerranée un commandement plus important que celui de l'*Héroïne, *qui n'est que de 32 canons.* »

Louis-Philippe vint en effet, à cette époque[1], à Cherbourg, et le jour même, le commandant Baudin reçut l'ordre de prendre, à Lisbonne, le commandement de la station navale.

Le Portugal était alors en pleine révolution. Dom Évariste Miquël[2], frère de dom Pedro, s'était emparé de la couronne et, bien que faisant peser un despotisme cruel sur son pays, *les cœurs de la masse des Portugais étaient cependant à lui.* C'est que, ajoute le commandant Baudin, « *ce monstre de vice et de cruauté,*

1. Une médaille a été frappée à cette occasion. Elle porte au revers Cherbourg, 1833. De Rigny. Ministère de la marine.
2. Second fils de Jean VI.

qui n'a pas un sentiment humain, a su flatter le clergé et les moines et qu'ici ce sont le clergé et les moines qui gouvernent l'opinion.

« *Au contraire, dom Pedro, bien supérieur à son frère, sous le rapport des lumières et de la modération, a blessé le Pape par le renvoi de son nonce, le clergé par l'abolition des dîmes, les moines par la suppression d'une partie des couvents.*

« *Ce sont tous actes d'une haute impolitique de la part de dom Pedro, qui a ainsi irrité le peuple contre lui, tandis que d'autres mesures ont mécontenté la noblesse.*

Ayant ainsi contre lui la grande majorité des trois ordres de l'État, il ne se soutient que par l'appui des étrangers..... et cependant il a la sottise de les maltraiter. »

La capitulation d'Evora (29 mai 1834) mit fin à la résistance de dom Miquël et la fille de dom Pedro[1], protégée par la France et l'Angleterre, recouvra son trône.

En 1838, le commandant Baudin fut chargé de transporter à Saint-Domingue le commissaire français chargé de régler le chiffre et le mode de paiement de l'indemnité imposée au Gouvernement Haïtien. Il s'acquitta de cette seconde mission avec autant de succès que de la première. Aussi, à peine de retour en France, et promu contre-amiral, fut-il chargé par le Gouver-

1. Dona Maria, fille mineure de dom Pedro.

PRISE DU FORT DE SAINT-JEAN D'ULLOA

nement de demander réparation des actes commis au détriment de nos nationaux par le Gouvernement Mexicain.

Son escadre, composée de trois frégates, d'une corvette, *la Créole* (sur laquelle se trouvait le prince de

Joinville) et quelques bâtiments légers, parut devant Vera-Cruz, à la fin d'octobre 1838.

N'ayant pu obtenir du Gouvernement Mexicain les réparations qui lui étaient demandées, l'amiral Baudin n'hésita pas à ouvrir le feu sur le fort de Saint-Jean d'Ulloa, qui défendait le port de la Vera-Cruz. Après quelques heures de canonnade, le fort, dont l'armement du reste était très défectueux, se rendit et la place capitula (27 novembre 1838).

Mais cet acte d'intimidation, pas plus que la descente à terre de quelques détachements de marins de l'escadre, n'eurent raison du Gouvernement Mexicain, qui ne voulut même pas reconnaître la capitulation. Or, aller plus loin dans la répression n'était pas possible, étant donné les moyens dont on disposait. L'amiral Baudin se trouva ainsi dans la nécessité de signer un traité qui, en réalité, n'avait pas d'autre but que de sauver la face[1].

Nommé vice-amiral[2], Baudin fut appelé en 1840, au commandement des forces navales françaises dans les mers de l'Amérique du sud et, en cette qualité, chargé d'obtenir du dictateur Rosas[3], certaines réparations réclamées par le gouvernement français. Il devait porter son pavillon sur la *Gloire*, armée à Cherbourg, mais, au dernier moment, il fut remplacé par le vice-amiral de Mackau.

Ce fut un événement que les journaux du temps commentèrent avec plus ou moins de bienveillance; quelques-uns annoncèrent même la révocation de l'amiral.

Il s'agissait en somme d'une divergence d'opinion, qui s'était produite entre Baudin et le chef du Gouvernement, M. Thiers, sur les moyens à employer pour

1. Voir *Batailles navales de la France*, par Troude, t. IV, p. 290; Challamel, 1868.

2. 22 janvier 1839. Il avait été nommé contre-amiral huit mois avant.

3. Dom Manuel Ortiz Rosas, qui devint gouverneur de la République Argentine en 1829. Il exerçait, sur ses concitoyens comme sur les étrangers, une tyrannie sauvage. On évalue à plus de 22.000 le nombre de ses victimes. L'armée libératrice du général Urquiza étant entrée à Buenos-Ayres (1852), Rosas s'enfuit en Angleterre.

obtenir de Rosas la satisfaction désirée; *mais c'était sur la demande expresse de l'amiral que son remplacement avait eu lieu.*

Voici du reste la lettre que Baudin adressa, le 23 juillet 1840, à l'un de ses amis. Il lui explique son attitude dans cette affaire et avec une franchise qui fait ressortir toute la droiture de son caractère :

Cher Auguste,

« *Tu auras été étonné de ne pas avoir de mes nouvelles, au moment où les journaux annonçaient ma révocation, en faisant sur cet événement des commentaires plus ou moins bienveillants. Tu auras souhaité d'avoir des détails intimes sur ce sujet; mais tu comprends qu'il y a des choses que j'ai dû m'abstenir de dire, au premier moment, même à mes plus chers amis. J'ai pour principe que lorsqu'un homme a été investi de la confiance d'un gouvernement, c'est un devoir pour lui que de garder le silence sur tout ce qui pourrait causer de l'embarras à ce gouvernement ou porter atteinte à la considération d'un seul de ses membres. J'ai donc pris le parti de laisser dire les journaux et de ne point prendre part à leur polémique. Tout s'éclaircira avec le temps et on reconnaîtra alors : 1° qu'aucun sentiment d'animosité personnelle ne m'avait porté à demander à M. Thiers la révocation du Consul Général de la Havane; 2° qu'en écrivant d'ici pour exiger que cette révocation eût lieu avant mon départ de France, je n'avais fait que re-*

nouveler une déclaration déjà faite à Paris et sur l'objet de laquelle j'étais d'accord depuis déjà plus de trois semaines avec le Président du Conseil ; 3° qu'il n'y a eu en réalité, de ma part, ni refus d'obéissance, ni acte d'insubordination.

Et l'amiral ajoute : *Si je suis bien informé, le cabinet reconnaît aujourd'hui tout cela et se repent de la mesure à laquelle il s'est laissé entraîner à mon égard. Déjà il en donne des indices dans le langage de ses journaux, témoin l'article du* Constitutionnel *dont je t'envoie copie et qui a été répété par le* Siècle.

Tu vois qu'on reconnaît maintenant que mes exigences étaient justes. *Je n'en tirerai point avantage contre le ministère. Grâce à Dieu, je ne suis point assez niaisement irritable pour me lancer dans l'opposition, parce qu'il a existé un dissentiment entre le chef du cabinet et moi.*

Ch. Baudin

La réparation ne se fit pas attendre : le 20 octobre 1841, l'amiral Baudin était appelé à la tête de la Préfecture maritime de Toulon. Il y exerça son commandement pendant plus de cinq ans (du 20 octobre 1841 au 27 juillet 1847). A cette dernière date, il y fut remplacé par le vice-amiral Parseval-Deschênes.

« Sincèrement attaché au gouvernement constitutionnel et à la famille régnante, Baudin vit avec une profonde douleur la Révolution de février 1848, et il eut besoin d'un puissant effort d'abnégation et de patriotisme pour accepter, d'un gouvernement qu'il n'aimait pas, le commandement des forces navales de la Méditerranée [1]. »

Lorsque le général Cavaignac, quelques jours avant de descendre du pouvoir, lui conféra la Grand'Croix de la Légion d'honneur, Baudin, malgré son estime pour le caractère de l'honorable général, déclina cette haute dignité et répondit « qu'il ne voulait aucune récompense d'un devoir accompli dans des circonstances si funestes pour le pays [2] ».

Promu amiral par Napoléon III (27 mai 1854), Baudin fut profondément touché de cette marque de gratitude de la part de l'Empereur. Mais ce bâton de maréchal ne devait être placé que sur son cercueil, car, douze jours après (7 juin), il expirait à Paris, à l'âge de soixante-dix ans.

1-2. L'amiral Baudin (Extrait des *Protestants illustres*); Paris, Meyruels et Cie, 1863.

LE CONTRE-AMIRAL BEDOUT[1]

AU COMBAT DE GROIX (23 JUIN 1795)
SA NOMINATION DE CONTRE-AMIRAL (1798)

Bedout est mon héros, a écrit l'amiral Villaret-de-Joyeuse et, à la Chambre des Communes, Fox lui-même a rendu hommage à ce vaillant marin, qui, dans le combat du 5 messidor an III (23 juin 1795), *rivalisa,* a-t-il dit, *avec les héros de Grèce et de Rome.*

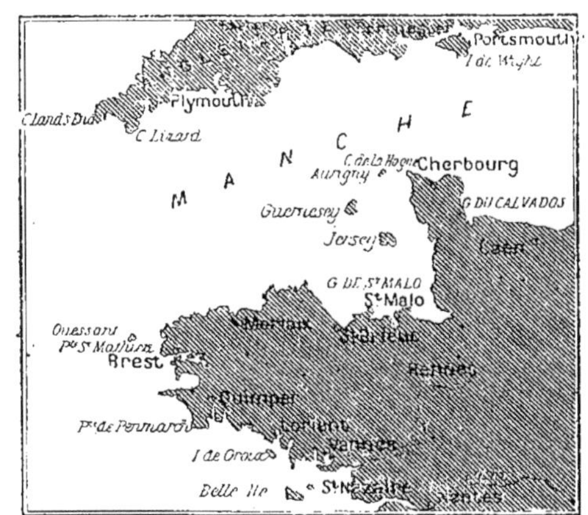

Ce combat est celui de Groix, dans lequel une escadre, commandée par Villaret-de-Joyeuse, se rencontra avec une escadre anglaise sous les ordres de l'amiral Bridport.

1. Né à Québec, en 1751.

Bedout était alors capitaine de vaisseau. Il commandait *le Tigre*, de 78 canons. « 300 hommes tués, 150 blessés, 8 pieds d'eau dans la cale, toutes les manœuvres hachées, Bedout couvert de blessures, seul sur son gaillard et renversé sans connaissance, c'est dans cet état que *le Tigre* s'est rendu à cinq vaisseaux anglais qui le combattaient depuis longtemps. »

Tel est l'hommage officiel rendu par le Comité de salut public à la conduite héroïque du commandant Bedout, dans la journée du 23 juin 1795[1].

De retour en France (novembre 1796), le commandant Bedout passa de la 3e classe à la première. Le Directoire exécutif lui rendit ses effets militaires et, « pour le mettre en état d'exercer un autre commandement (car Bedout n'avait rapporté d'Angleterre que son zèle et son courage), lui accorda une indemnité de dix-huit mille livres ».

Deux ans après, le commandant Bedout était promu contre-amiral (1798).

Se fiant à la promesse formelle qui lui avait été faite d'avoir le commandement d'une escadre, il en avait surveillé l'armement, et il se disposait à partir, lorsque, au dernier moment, ce commandement fut donné à un autre officier général.

C'était une offense grave à son amour-propre, offense à laquelle il était loin de s'attendre, écrit-il à son ami le vice-amiral Bruix. Mais, ajoute-t-il, « *je n'ai pas laissé*

1. Rapport au Directoire exécutif (annexe n° 1).

ignorer au ministre mon mécontentement et je lui ai écrit une lettre fort sèche, mais que l'honneur commandait, dans laquelle je demande formellement ma démission et que mon nom à l'avenir ne compte plus parmi ceux des officiers généraux de la marine, content, lui dis-je, d'avoir rempli avec honneur ma tâche envers mon pays, ma récompense était dans mon cœur. Il m'a répondu. Ma démission n'est pas acceptée, et il m'écrit à ce sujet une lettre assez flatteuse. Mais tout cela, eau bénite de Cour, ou pour mieux dire il cherche à dorer la pilule. Je n'en suis pas moins décidé à envoyer tout promener si les choses ne changent pas. Je suis dégoûté, mon ami, et tu avoueras que l'on prend tous les moyens pour décourager les braves gens qui se sont dévoués au bien de la chose.

. . . .

Mis à la retraite en 1816, l'amiral Bedout est mort le 7 avril 1818.

Lieutenant de Vaisseau BISSON

LE LIEUTENANT DE VAISSEAU BISSON

OU

LE D'ASSAS DE LA MARINE FRANÇAISE

(1769-1827)

Asservis, depuis le XVe siècle, sous la dure domination des Turcs, les Grecs se soulevèrent en 1821. Trois hommes surtout personnifient le peuple hellène dans l'accomplissement de son ardent désir de reconquérir son indépendance : *Photos Tsavellas*, le chef héroïque des Souliotes [1], dont l'incomparable valeur, la grandeur d'âme et les tragiques infortunes ont fait de ce Klepte la figure la plus énergiquement accentuée et en même temps la plus touchante des ballades [2]; *Marc Botzaris,* dont les vertus et la mort héroïque forment le sujet d'un grand nombre de chansons populaires [3], *l'amiral Miaoulis,* digne frère des Tsavellas et des Botzaris, par son courage et son patriotisme.

Mais les exploits accomplis par ces braves, pas plus

1. Souli est située au centre de l'Épire, à 14 lieues de Janina.
2-3. *La Grèce moderne, héros et poètes*, par Eug. Yemeniz, consul de Grèce; Michel Lévy, 1862.

que les efforts des *Canaris*, des *Colocotroni* et des *Mavrocordato* ne pouvaient délivrer la Grèce du joug de la puissance turque, et le lieutenant de vaisseau Bisson, qui faisait alors partie de l'escadre de l'amiral de Rigny, commandant les forces navales du Levant, avait raison d'écrire : « *Les affaires de la Grèce sont en plus mauvais état que jamais et je crois qu'il ne faudrait pas moins que l'intervention des puissances de l'Europe pour les rétablir*[1]. » Et il ajoute ce curieux portrait de la mentalité du peuple grec à cette époque :

« *Les Grecs d'aujourd'hui ne sont pas ceux d'autrefois. Il n'existe plus chez eux de Léonidas, de Thémistocle, ni aucun de ces grands hommes qui leur donnaient l'exemple du courage et des vertus, ou s'il en est parmi eux quelques-uns, ils sont plutôt un objet de jalousie que d'amour pour leurs frères. Mavrocordato, Miaulis, Canaris et quelques autres eussent été dignes de paraître dans un meilleur tems; leur dévouement, inutile aujourd'hui, eût sans doute entrainé sur leurs traces une partie de la population de la Grèce et son émancipation eût été assurée. Loin de là, quand un chef paraît devoir obtenir quelque succès, soit à l'armée, soit dans le Cabinet, il n'est pas jusqu'au moindre soldat qui ne soit disposé à cabaler contre lui pour empêcher son élévation. Les chefs du gouvernement passent leur tems à intriguer et ceux de l'armée, un très petit nombre excepté, ne s'occupent que des moyens d'em-*

1. Lettre de Bisson à sa mère, datée de Smyrne, 5 mai 1826.

pocher l'argent qu'on leur donne pour s'entourer de soldats et marcher à l'ennemi.

« *Le brave Miaulis avait à peine pu réunir 12 bâtiments, il y a deux mois, pour aller à la rencontre des Turcs : les autres déclarèrent hautement ne vouloir pas servir si on ne les payait pas, et que leur intention était d'aller en croisière, c'est-à-dire piller indistinctement tous les bâtimens, quelque fois même ceux de leur nation.* »

. . . .

Si ce portrait est exact, Bisson se trompe quand il dit que le dévouement des Mavrocordato, des Miaoulis et des Canaris a été inutile : ce sont les efforts héroïques de ces grands patriotes qui émurent l'Europe et qui déterminèrent son intervention en 1826.

Missolonghi[1] venait de succomber. « *Après avoir supporté toutes les horreurs et les souffrances d'un long siège, n'ayant pu obtenir d'Ibrahim Pacha*[2] *une capitulation quelconque, ses défenseurs se décidèrent à périr en combattant. Mais ils avaient annoncé que, leurs vivres consommés, ils donneraient la mort aux femmes et à tous les individus hors d'état de porter les armes : ils tinrent parole et se précipitèrent*

1. Sur la mer Ionienne.
2. Fils de Mehemet Ali, le fameux tyran d'Égypte.

ensuite au milieu des Turcs. 40 seulement sur 2.000 réussirent à se faire jour au travers de l'armée d'Ibrahim. Les autres périrent, heureux de ne point survivre à la perte d'une cause qu'ils avaient soutenue si glorieusement[1]. »

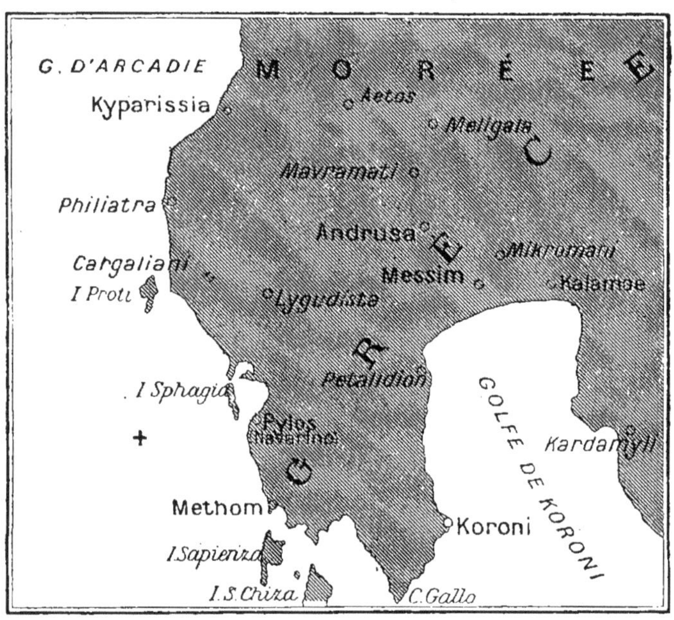

La France, l'Angleterre et la Russie intervinrent pour appuyer les droits de la nation grecque, ressuscitée par tant d'héroïsme. Un armistice fut imposé à la Porte qui l'accepta tout d'abord et le viola ensuite. C'est alors que les trois flottes alliées, commandées par les amiraux de Rigny, Codrington et de Helden décidèrent de mouiller

1. Lettre du 5 mai 1826 (déjà citée).

Pl. IV.

COMBAT DE NAVARIN

dans la baie de Navarin, à côté des flottes turque et égyptienne.

Une collision générale se produisit dans la journée du 20 octobre 1827 : les flottes turque et égyptienne furent anéanties.

Comme une traînée de poudre, le cri de victoire se répandit dans Paris. Le nom de Rigny vola de bouche en bouche. On illumina.

Pendant que Français, Anglais et Russes combattaient pour la cause Hellénique, les mers du Levant étaient infestées par les pirates grecs. « Les pirateries grecques, écrivait le 24 octobre 1827, l'amiral de Rigny, se sont élevées, dans la dernière quinzaine, à un point inouï jusqu'à présent. La mer est couverte de ces forbans : ainsi, quand le sang français et anglais vient de couler en leur faveur, ces misérables, nourris par la cupidité, encouragés par l'impunité, pillent et maltraitent nos bâtiments du commerce. »

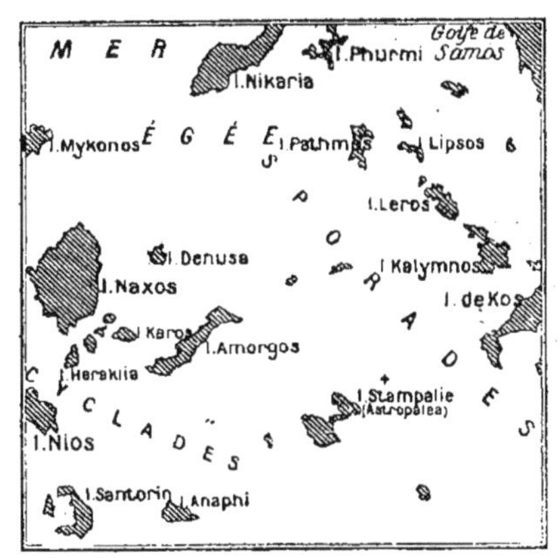

L'un de ces pirates, le brig *Panayoti*, fut pris sur les côtes de Syrie par la gabarre française *la Lamproie* et envoyé à Alexandrie. Le lieutenant Bisson, qui, avons-nous dit, faisait partie de l'escadre de l'amiral de Rigny, en qualité d'officier de *la Magicienne,* fut chargé de conduire le brig à Smyrne.

Le mauvais temps l'obligea à relâcher dans une des baies de l'île de Stampalie.

Il doublait une des pointes de l'île, lorsqu'il fut attaqué par deux grands mistictks. Bisson se rendit immédiatement compte que, vu la disproportion du nombre, toute résistance était inutile et il résolut de faire sauter son bâtiment (novembre 1827) [1].

Le pilote Trémintin et quatre matelots seulement survécurent à la catastrophe [2].

1. Bisson était né en 1769.

2. Trémintin fut décoré et nommé enseigne. Il était né à l'île de Batz. Il y est mort en 1862, à l'âge de quatre-vingt-quatre ans.

Voici la lettre qu'il écrivit, un an après l'affaire de Stampalie, au contre-amiral Halgan, qui était alors directeur du personnel, au Ministère de la marine et des colonies.

« Mon Général,

« Le congé que vous avez eu la bonté de me faire obtenir étant sur le point d'expirer, je vais me rendre aux ordres de M. le général préfet maritime de Brest pour le 1er janvier prochain. Ne sachant pas quelle destination je recevrai, veuillez me permettre, mon Général, de réclamer de nouveau votre bienveillance, pour être placé de manière à rendre des services utiles.

« Ma santé s'est beaucoup améliorée par le séjour que je viens de faire dans mon pays natal, mais j'éprouve, néanmoins, des douleurs assez fortes au bras et à la jambe du côté gauche, ce qui ne me permet pas toujours de marcher facilement. Si je pouvais avoir le commandement d'un stationnaire, ce serait l'emploi qui conviendrait le mieux à ma position, parce que je resterais à bord et ne viendrais à terre qu'autant que le service l'exigerait.

« Oserais-je encore vous prier de vouloir bien me faire connaître la marche à suivre pour être payé de mon traitement de légionnaire, n'ayant rien reçu depuis mon admission dans l'ordre.

« Quant à mes appointements, dont je n'ai rien touché depuis le paiement qui m'a été fait à Paris le 25 mai dernier, je pense que l'on me sol-

TRÉMINTIN.

Allons pilote! voici le moment d'en finir, adieu!
— adieu mon Capitaine!

Un monument à la mémoire de ce glorieux fait d'armes a été élevé, en 1862, dans le port de Maltasana (île de Stampalia). L'amiral italien Viale eut la touchante pensée, en 1912, de faire placer, sur le monument restauré, une plaque portant cette inscription :

Virtuti Patriæque fidei Italica classis dicavit.
Augusta 1912.

Une statue de Bisson, par Gateaux, a été élevée en 1832, sur l'une des places du port de Lorient.

dera l'arriéré à mon arrivée au port de Brest; c'est au moins ce que l'on m'a assuré.

« Daignez, mon Général, excuser mon importunité et me permettre d'avoir l'honneur de vous offrir l'expression de ma bien vive et respectueuse gratitude.

« TRÉMINTIN,
« Enseigne de vaisseau. »

Ile de Batz, le 24 décembre 1828.

LE CHEVALIER DE BORDA

SON VOYAGE AUX CANARIES SUR « LA BOUSSOLE ».

(1776)

Jean-Charles chevalier de Borda naquit à Dax, le 4 mai 1733. Il débuta fort jeune dans l'armée de terre.

En 1767 (il avait trente-quatre ans), il fut attaché au service de la marine, en raison de ses travaux sur l'art nautique.

Sa première campagne (1771-1772) s'effectua sur *la Flore,* que commandait Verdun de la Crenne, alors lieutenant de vaisseau. Pendant cette campagne, dont la relation a été publiée [1], on fit l'essai des premières horloges marines inventées par le célèbre horloger Berthoud [2].

En 1774-1775, Borda visita les Açores, les îles du Cap-Vert et la Côte d'Afrique.

De retour en France, il fut nommé lieutenant de vaisseau et reçut le commandement de la corvette *la Boussole* avec mission de déterminer la position exacte des Canaries.

1. Relation du voyage de *la Flore* en 1771-1772.
2. Né en Suisse en 1727, † en 1807.

Sa rencontre à Ténériffe, avec Cook, qui faisait son troisième voyage autour du monde, est ainsi racontée par Bajot dans son *Abrégé des principaux voyages de découvertes* : « C'est une chose remarquable, écrit-il, que la rencontre de ces deux hommes célèbres, occupés en même temps de travaux analogues pour les progrès des mêmes sciences, travaux couronnés d'un égal succès de part et d'autre. Cook se plaît, dans son journal, à faire l'éloge du savant officier français. Ils firent de concert, à Ténériffe, les observations nécessaires à la rectification de leurs horloges marines. De son côté, le chevalier de Borda regarda comme une des époques les plus remarquables de sa vie, celle de son entrevue avec Cook. Je me souviens de lui en avoir souvent entendu parler, ayant eu autrefois l'occasion de le voir plusieurs fois chez l'académicien de Prony, mon oncle. Avec quel sentiment d'attendrissement et de respect Borda se rappelait le souvenir de ce grand homme et qu'il me parut frappant d'entendre le premier marin astronome de France rendre un si juste hommage au premier marin hydrographe de l'Angleterre ! »

Ce fut dans ce voyage que Borda fit usage d'instruments nouveaux[1] pour le relèvement astronomique des côtes et qu'il dressa la carte des Canaries. Il fut grandement aidé dans cet important travail par les officiers de son bord, qu'il avait été autorisé à choisir

1. *Description et usage du cercle à réflexion* (1777).

comme étant les plus capables de le seconder dans ses opérations. Il se plaît à le reconnaître : *Je suis heureux,* écrit-il au ministre de la marine[1], *de me trouver dans l'agréable nécessité de donner des éloges à leur zèle, à leurs travaux et à leurs connaissances; mais il est nécessaire*, ajoute-t-il, *de distinguer le mérite particulier de chacun.* Il cite : le lieutenant Laub, chevalier de Saint-Louis, faisant fonction de lieutenant en pied sur *la Boussole;* M. de Granchin, enseigne de vaisseau, officier des gardes-de-la-Marine et membre de l'Académie de marine, *qui fut chargé, pendant toute la campagne, concurremment avec M. Varela, des observations faites à terre, ainsi que de toutes les opérations principales dans lesquelles il a rendu de grands services.* Il n'oublie pas non plus les Enseignes de Coëtando, du chevalier de Montluc de Labourdonnaie, de Lauzanne, ce dernier détaché sur *l'Espiègle* pour faire la carte de la Grande Canarie.

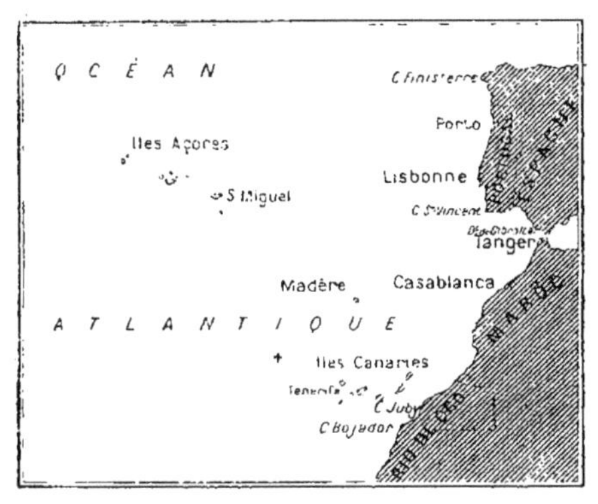

Mais Borda signale à l'attention toute particulière du ministre, M. de Puységur. *Je puis vous affirmer,*

1. M. de Sartine, qui fut Ministre de la marine du 24 août 1774 au 6 juin 1780.

Monseigneur, que la moitié de ce que nous avons fait lui appartient et qu'il est difficile d'avoir plus d'intelligence, d'activité, de zèle et de talent qu'il n'en a montré pendant toute la campagne, dans la traversée même qu'il vient de faire, traversée dure et pénible, dans laquelle il a dû beaucoup souffrir; il a fait d'excellentes opérations sur l'isle Salvage, sur les désertes et sur Madère, qui compléteront notre carte depuis Cadix jusqu'au cap Bogador et sans lesquelles j'aurais été un peu embarrassé. M. de Puységur réunit, à mon avis, toutes les qualités d'un bon marin et d'un excellent officier, et je m'imagine que si vous lui fournissez des occasions de se distinguer, vous vous trouverez forcé de lui accorder des grâces prématurées.

. . . .

Voilà un chef qui n'hésite pas à rendre justice à ses collaborateurs.

Pendant la guerre d'Amérique (1776-1783), Borda remplit, près du comte d'Estaing, les fonctions de major de l'armée navale.

En 1782, chargé par le marquis de Bouillé d'établir une croisière, il partit de Saint-Pierre de la Martinique sur *le Solitaire,* ayant sous ses ordres *le Triton,* les frégates *la Résolue* et *la Nymphe*, la corvette *le Speedy.* Attaqué (le 6 décembre 1782) par une escadre anglaise, composée de 8 vaisseaux, et commandée par le contre-amiral sir Richard Hughes, Borda, *qui avait su reculer longtemps sa perte par des manœuvres habiles*[1], dut amener son pavillon après une héroïque résistance.

Fait prisonnier, il fut renvoyé sur parole.

Borda est mort à Paris le 20 février 1799.

Le vaisseau-école a porté longtemps son nom. C'était un hommage bien justifié par les services éminents que ce savant a rendus et aux progrès qu'il a fait réaliser dans l'art nautique...

« L'époque à laquelle il a publié ses observations, ajoute M. Biot, doit être regardée comme celle où les marines ont abandonné les routines de l'ignorance, pour se guider par le flambeau d'une science exacte[2]. »

1. Kerguelen, *Histoire des événements des guerres maritimes entre la France et l'Angleterre*, depuis 1778 jusqu'en 1796.

2. *Mémoires de l'Académie des sciences.*

Pl. V

Dutertre

CAFFARELLI

CAFFARELLI

PREMIER PRÉFET MARITIME DE BREST

(1800)

La famille Caffarelli était d'origine italienne.

Trois de ses membres ont servi glorieusement dans les armées françaises.

Deux furent généraux :

L'un protesta contre la déchéance de Louis XVI, devint plus tard chef du génie en Égypte et mourut d'une blessure reçue au siège de Saint-Jean d'Acre (27 avril 1799).

L'autre se distingua à Austerlitz et en Espagne. Il fut ministre de la guerre et de la marine du royaume d'Italie (1806-1810). Il mourut en 1849.

Enfin, un troisième Caffarelli[1], après quelques années dans l'infanterie française, passa dans la marine, et, en qualité d'enseigne, prit part à différents combats.

Il était lieutenant de vaisseau quand la Révolution éclata. Il émigra jusqu'en 1800, époque à laquelle il

1. Louis-Marie-Joseph, comte de Caffarelli, né le 21 février 1760.

fut nommé, par le Premier Consul, membre de la Section de marine au Conseil d'État, puis préfet maritime de Brest, un décret du 27 avril de la même année ayant divisé le littoral en six arrondissements.

Depuis longtemps, nos ports étaient dans un état lamentable : les cales, les quais, les édifices tombaient en ruines.

Forfait était ministre de la marine[1]. C'était un ingénieur distingué, ayant des connaissances variées, d'une grande expérience, tout disposé à accorder les crédits nécessaires à la remise en état de nos arsenaux et à la reconstitution de notre armement. Caffarelli trouva donc près de lui un appui sérieux, qui lui permit d'apporter dans son administration l'ordre si nécessaire. Il se consacra tout entier à la réorganisation administrative de l'arsenal et tout particulièrement à la division rationnelle des services, en même temps qu'aux travaux de toute nature que réclamait, d'une façon si urgente, l'état dans lequel se trouvaient les bâtiments dépendant du port.

Et il ne se contenta pas de réorganiser. Ce fut lui qui créa la quatrième forme couverte à la suite du premier bassin de Pontaniou. Il fit étudier la construction de quatre nouvelles formes dans l'anse du Moulin à poudre et de six cales qui devaient être réparties en différents endroits de l'arsenal : l'exécution en fut ajournée par ordre de Bonaparte. Enfin, ce fut également

1. Du 24 novembre 1799 au 1er octobre 1801.

lui qui organisa les Écoles flottantes de Brest et de Toulon et qui revisa l'Inscription maritime.

En résumé, Caffarelli, pendant toute la durée de sa présence à la préfecture maritime de Brest, déploya une rare énergie. Ses travaux ont laissé, dans ce port, un souvenir très justifié.

Un pareil labeur ébranla sérieusement sa santé. « *Je crois devoir,* écrit-il confidentiellement au ministre Decrès, à la date du 1er juin 1804[1], *vous remettre sous les yeux l'autorisation que vous m'avez donnée de prendre un congé pour le rétablissement de ma santé, autorisation que j'ai ajournée, par le motif d'obéir aux ordres de Sa Majesté.*

Le tems s'écoule et je ne me trouve pas mieux; le repos, les soins me deviennent absolument indispensables, et je vous prie de reproduire ma proposition de congé à Sa Majesté. Aucun sacrifice ne m'eût coûté pour la satisfaire dans le temps qu'elle a indiqué, si j'en avais vu la possibilité. »

Et comme à cette époque, comme aujourd'hui du reste, les militaires et les fonctionnaires civils dépendant du Ministère de la marine ne sont pas riches en général et qu'ils sont peu payés, Caffarelli, bien que Préfet maritime, n'hésita pas à demander une gratification, comme l'aurait fait un modeste commis aux écritures.

« *J'ose confier à Votre Excellence, dont l'estime et*

1. Forfait avait été remplacé par Decrès, qui fut ministre de la marine du 1er octobre 1801 au 30 mars 1814.

l'attachement me sont connus, la demande d'une gratification ou indemnité de voyage. Fort éloigné de mon pays natal[1], *tout déplacement est coûteux; il l'est surtout pour moi dont les traitemens sont bien loin de me permettre des économies, qui chargé d'une famille aussi considérable me vois dans la nécessité de l'envoyer dans mon pays. Ma femme, mes deux premiers enfans se ressentent beaucoup de l'inclémence de ce climat, leurs santés sont fort affaiblies; je dois à son bonheur, au mien même de la faire absenter pendant six ou huit mois, et si mes fonctions me retiennent ici, elle ne doit pas en souffrir constamment.*

Sa Majesté m'a comblé de ses bontés, en m'honorant de sa confiance; veuillez bien être auprès d'elle l'interprète de mes sentimens et de l'espoir que j'ai qu'elle accueillera ma demande de gratification. Je compte sur l'effet des sentimens dont vous m'honorez.

Salut et respect.

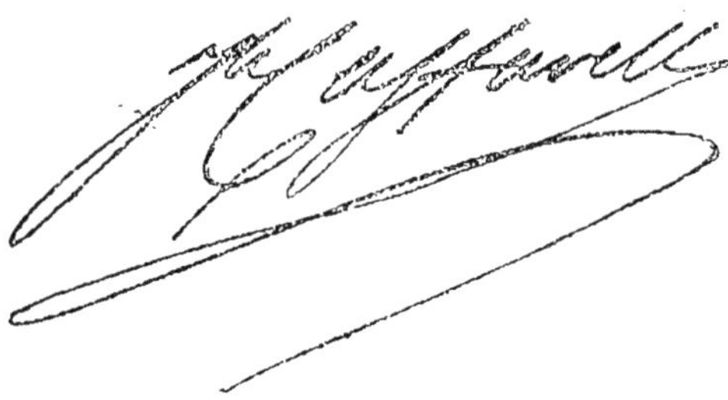

. . . .

Le congé fut accordé et sans doute aussi la gratifi-

1. Haute-Garonne.

cation. Mais cette lettre n'est-elle pas une preuve du dévouement et du désintéressement qu'on apportait à cette époque dans l'exécution de ses fonctions? Or, croyez-le bien, le sentiment du devoir et de désintéressement sont aujourd'hui aussi vivaces parmi le personnel civil et militaire de nos grandes administrations publiques.

Enlevé à la Préfecture maritime de Brest en 1811, Caffarelli devint Pair de France pendant les Cent jours. Il est mort grand-officier de la Légion d'honneur le 14 août 1845.

Pl. VII

Le Jeune Cazabianca

Non je n'abandonnerai jamais mon pere

4e Jour Complement An. 6

LE COMMANDANT CASABIANCA

LETTRE A SALICETTI A L'OCCASION DE L'ÉVACUATION DE TOULON (1793) SA MORT A ABOUKIR (1798)

« Il y avait, en 1793, a écrit Michelet [1], deux partis à Toulon, les Girondins, les Royalistes. Les premiers, faibles et violents, comme partout, prenaient des mesures contraires; ils guillotinaient des patriotes et ils envoyaient de l'argent à l'armée de la République. Les seconds, plus conséquents, ne pouvaient manquer de les dominer : ils appelèrent les Anglais. Ceux-ci, pris pour juges et arbitres entre les deux partis, jugèrent impartialement comme le juge de la fable; ils donnèrent une écaille à chaque plaideur et s'adjugèrent Toulon (27 août 1793). »

A cette date, le commandant des forces navales de la Méditerranée était le contre-amiral comte de Trogoff de Kerlessy [2]. Il s'était distingué pendant la guerre de

1. *Histoire de la Révolution Française.*
2. Né le 5 mai 1751. Il avait remplacé Truguet à la tête de la flotte de la Méditerranée.

l'Indépendance, à la Dominique en 1782 et à l'attaque de Cagliari, pendant laquelle il avait été grièvement blessé.

Quel fut son rôle dans la trahison de Toulon? Jean Bon Saint-André, dans son rapport au Comité de salut public, l'accuse nettement et c'est sur sa proposition que l'amiral Trogoff fut déclaré traître à la Patrie, mis hors la loi et que ses biens furent confisqués (Décret du 9 septembre).

Sans doute, cet officier général aurait pu invoquer le refus qu'il a opposé de signer l'acte de reddition de Toulon à l'amiral Hood et l'acte de contracter un emprunt en hypothéquant les vaisseaux et l'arsenal. Mais que penser de sa conduite quand on le voit quitter le port avec trois vaisseaux français battant pavillon blanc et suivre les Anglais aux îles d'Hyères!

L'évacuation de Toulon commença le 16 décembre 1793, et, le 17, le commandant Casabianca écrivait à son compatriote, collègue et ami [1], le conventionnel Salicetti, la curieuse lettre que voici :

1. Casabianca et Salicetti étaient nés à Bastia. Casabianca fut membre de la Convention et y vota la détention de Louis XVI. — Salicetti avait été délégué par la Convention à Toulon, avec Fréron et Robespierre jeune. Il se montra clément après l'évacuation de la ville. Il aurait voulu qu'on ne sévît que contre quelques coupables; mais il ne fut pas écouté et les exécutions durèrent pendant plusieurs jours. « Les têtes tombent comme des ardoises, écrivait Fréron. »

Paris le 17 frimaire l'an 2me de la République.

[illegible]

Bien nous apprîmes avec bien de la joie les succès des armes de la République devant la place de Toulon. Nous nous sommes glorifiés de la gloire de nos compatriotes, peut être a-t-on ici ignoré que les plus grands éloges étoient pour les Corses seuls. On a jasé sur la réponse de Dugommier par rapport au [illegible] chirurgien anglais. Je crois que j'aurois dit : nous avons des chirurgiens et des remèdes pour nos frères d'armes et pour nos prisonniers blessés, ton général sera pansé à son tour. L'esprit républicain se forme, le [illegible] et la rigidité doivent en faire partie.

Je sens ta position, supporte-la. Sois toujours franc, ferme, actif et sans [illegible], fais tout le bien que tu pourras, éloignes le mal partout où tu le verras, et dors tranquille. Le vin est tiré il faut le boire. Il y auroit mauvaise grâce ce me semble à solliciter ton rappel à la Convention. On sait trop bien que tu es utile devant Toulon, ce seroit aussi un mal pour nos affaires de Corse. Fais exactement connoître tout au Comité de Salut public, pour qu'il ne soit pas abusé sur la véritable situation des choses. Je crois qu'on est trop porté à élever nos moyens et à ravaler ceux de nos ennemis. On est puis surpris du retard des succès.

L'arrestation du frère d'Escudier me surprend, je l'ai vu un patriote ardent. Je présume que Barras [illegible] le frère. Certains égards entretiennent l'harmonie si nécessaire entre les bons Républicains.

Bien des choses à nos amis, salut et fraternité à tous, je t'embrasse.

[illegible]

Cinq ans plus tard (1798), Casabianca fut appelé à commander, sous les ordres de l'amiral Brueys, le vaisseau *l'Orient*, de 120 canons, et, le 1er août de cette même année, il prit part à la désastreuse bataille d'Aboukir, qui coûta à la France onze vaisseaux, ses meilleurs officiers[1] et 3.000 hommes tués, noyés ou blessés.

L'amiral Brueys venait d'être mortellement atteint sur le pont de *l'Orient*, lorsqu'un incendie, bientôt suivi d'une explosion, se déclara sur ce bâtiment, emportant la plus grande partie de son héroïque équipage.

Le jeune Casabianca, âgé de dix ans, ne voulut pas quitter son père mortellement blessé : il fut englouti avec lui.

1. Au nombre des officiers tués, nous citerons :

Le commandant *Thévenard*, de *l'Aquilon*, qui eut les deux cuisses emportées.

Le commandant *Gilet*, du *Franklin*.

Le commandant *Dupetit-Thouars*, du *Tonnant*, qui eut un pied emporté et la deuxième jambe fracturée.

Parmi les blessés :

L'amiral *Blanquey-Duchayla* (qui avait son pavillon sur *le Franklin*). Il fut atteint au visage par un paquet de mitraille.

Le commandant *Etienne*, de *l'Heureux*.

Le commandant *Dalbarade*, du *Conquérant*. Traversé par une balle, il refusa de se rendre. « Ralliez vos gens, dit-il, je n'amène pas. »

Le commandant *Emeriau*, du *Spartiate*, qui eut le bras emporté.

Le commandant *Raccord*, du *Peuple Souverain*.

Le lieutenant *Cambon*, du *Mercure*, qui reçut une balle dans la cuisse, mais qui ne quitta pas son poste.

Pl. VIII

Amiral DECRÈS

L'AMIRAL DECRÈS

SES ARMOIRIES

M. Raoul Bonnet, le très sympathique collaborateur de M. Charavay, a publié, en 1911, en collaboration avec M. A. Boppe, ministre plénipotentiaire, aujourd'hui décédé, une étude fort intéressante, ayant pour titre : *Les vignettes emblématiques sous la Révolution.*

Un chapitre spécial est consacré aux vignettes de la marine et des colonies. Parmi celles qui sont reproduites par l'image, nous relevons les vignettes des amiraux Villeneuve, Ganteaume, Villaret-Joyeuse, Forfait et Decrès.

Ces vignettes figurent sur de nombreuses pièces officielles. Mais ce qui est plus rare, ce sont les armoiries des grands dignitaires de l'Empire, anoblis par Napoléon, armoiries qui, le plus souvent, sont exécutées sur les indications des intéressés.

A titre de curiosité, voici les armoiries de l'amiral Decrès, ministre de la marine pendant toute la durée de l'Empire (1801-1814).

La composition en fut donnée par lui-même, dans une lettre écrite de sa main et datée du 7 juin (1804). (C'est à cette époque que Napoléon le fit Grand Aigle et Duc).

Voici cette lettre :

Paris 7 Juin

Monsieur

Je reponds à la lettre que vous m'avez fait l'honneur de m'écrire le 25 mai.

Denis Decrès né à Chaumont en Bassigny (maintenant haute Marne) le 22 Juin 1761, vice amiral, grand officier de l'Empire, grand aigle de la legion d'honneur, chef de la 10e cohorte, Chevalier grand croix de l'ordre Royal d'Espagne de Charles 3, Ministre de la marine et des Colonies.

Desire pour armoiries 3 croissants d'argent sur un fond d'azur les dits trois croissants traversés par une ancre

Recevez Monsieur l'assurance de mon sincere attachement.

Decrès

PL. IX

IMP. CATALA FRÈRES, PARIS

DUGUAY-TROUIN

SES DERNIÈRES ANNÉES. — SA MORT (1736)

Comme récompense de ses éminents services, Duguay-Trouin avait été autorisé à ajouter à ses armes deux fleurs de lys d'or et d'y mettre au cimier pour devise : *dedit hæc insignia virtus.*

Jamais récompense ne fut mieux justifiée, non pas seulement par les brillants faits d'armes de cet illustre marin, mais aussi par son caractère, ses sentiments d'honneur, son désintéressement; « après tant de vaisseaux pris et une ville du Brésil réduite sous sa puissance, il ne laissa qu'un bien médiocre [1] ».

Il avait soixante ans, lorsqu'en 1733, Louis XV, sortant de son apathie, décida d'armer une flotte capable de s'opposer aux prétentions toujours croissantes de l'Angleterre. A son appel, Duguay-Trouin, qui doit la commander, oublie son âge et ses infirmités. L'espoir prochain de signaler son zèle pour le service de l'État lui redonne l'activité et l'ardeur de sa première jeunesse.

1. *Mémoires de M. Duguay-Trouin*, lieutenant général des armées navales de France et commandeur de l'ordre royal et militaire de Saint-Louis.

Forbin et Cassard, âgés, l'un de soixante-dix-sept ans et l'autre de soixante-quatre, offrent, eux aussi, au Roi, leur expérience et leurs bras.

Les vaisseaux sont prêts, Duguay-Trouin en informe son ministre, le comte de Maurepas[1] et le presse de prendre une décision pour le prompt départ de l'escadre. Mais aucun ordre ne vient et ce silence le désole. Il tente une dernière démarche et il lui écrit la lettre suivante, datée du 5 mai 1734 :

« *Monseigneur,*

« *Je juge par vostre silence que le Roy n'a point encore pris de parti fixe sur l'armement de Brest ne sachant pas clairement celui que prendront les Anglois; il est vrai, Monseigneur, qu'il seroit à craindre que nous ne fussions bloqués par eux dans la mer Baltique. Cependant si la gloire et la parole du Roy sont intéressés au secours de Dansicq, il ni a pas à balancer à nous faire partir sans aucun retardement, mais jose vous demander en grâce de me faire joindre par les philipe pour remplacer le bourbon. M. le chevalier de la Rochalard a trop de valeur et de noblesse dame pour ne sen pas faire un vrai plaisir, d'autant plus que je ne vois aucun espoir à pouvoir armer de longtemps les vaisseaux le Bourbon, les Grafton, le Content et autres qui sont dans ce port, outre qu'il ne seroit plus temps de nous les envoier après qu'on aura donné le temps aus Anglois de nous barer la sortie du zond.*

1. Du 13 nov. 1723 à 1749.

Nos six vaisseaux, Monseigneur, iront tous en rade des la semaine prochaine, mais les câbles, cordages et futailles pouront nous y retarder, il n'est dont question aujourd'huy que de donner ordre à M. le chevalier de la Rochalard de venir me joindre dans la rade de Brest, parce je compte avec ce petit renfort avoir sufisamment dequoi debeller la flotte moscovite et de quoy mouvrir le passage du zond au travers des Anglois quand ils seroient de moitié supérieurs, parce que toute l'escadre du Roy est composée de vaisseaux fins de voilles, commandés par des capitaines d'une valeur éprouvée. Dailleurs n'avons nous pas les ports de Suède pour nous retirer en cas de malheur, et bien d'autres expédients que les événements et nostre expérience nous désigneront. Assurés le Roy, Monseigneur, qu'aucun de nous ne craint les Anglois et que nous le suplions très respectueusement de vouloir bien confier à nostre courage et à nostre zèle, la gloire de ses armes et celle de Sa Majesté mesme qui me paroist engagée dans cette expédition. Je fais travailler aux artifices nécessaires pour armer deux ou trois brulots en cas de besoin, aiés la bonté d'ordonner aussi dans les ports du Havre, de Calaix et de Donquerque qu'on nous y areste deux ou trois petites barques ou corvettes de Diepe, ou quelques bots pour nous servir de découverte et pour nous depescher dans les occasions intéressantes, cela est absolument nécessaire. La fatigue du chemin, Monseigneur, jointe aux mouvemens que j'ai esté forcé de me donner icy et sur tout à l'impossibilité où je me trouve de faire la diligence nécessaire, tout cela a beaucoup contribué à déranger ma santé desja trop chancelante, d'ailleurs l'incertitude ou vostre silence me met ne me rafraischit pas le sang, j'ose espérer que vous aures la bonté de m'envoyer incessamment vos ordres, je les attends avec impatience.

Je suis avec un profond respect.....

Duguay-Trouin

Tous ces préparatifs furent inutiles : la guerre n'eut pas lieu.

Duguay-Trouin en ressentit un très vif chagrin. De plus en plus triste et souffrant, il se fit transporter à Paris[1]. Il y est mort le 27 septembre 1736.

1. L'acte de décès de Duguay-Trouin ne porte que la mention « rue de Richelieu ». Mais l'indication du n° 16 se trouve sur un consentement notarié donné, le 2 octobre 1736 (cinq jours après la mort), par le frère de Duguay-Trouin, à l'exécution du testament du célèbre marin.

Quatre mois auparavant, Duguay-Trouin était venu de Brest à Paris se faire soigner d'une maladie des voies urinaires.

Est-il mort dans un hôtel à voyageurs, ou chez Boutin, trésorier de la marine, qui avait deux hôtels rue de Richelieu?...

Pl. X

Commandant A. DUPETIT-THOUARS

IMP. CATALA FRÈRES, PARIS

LE COMMANDANT ARISTIDE DUPETIT-THOUARS

Dupetit-Thouars (Aristide-Aubert), alors qu'il n'était qu'enseigne de vaisseau, forma le projet, avec son frère le botaniste, d'aller à la recherche de *La Pérouse*. N'ayant pu obtenir du gouvernement la participation pécuniaire qu'ils désiraient, ils vendirent leurs biens, bien décidés l'un et l'autre à exécuter leur projet.

De nombreux incidents les empêchèrent de le réaliser. Tout d'abord, l'arrestation du botaniste, comme suspect; puis une relâche au Cap-Vert où Dupetit-Thouars sauva, des horreurs de la famine, un certain nombre de Portugais qu'il transporta à Saint-Nicolas; enfin, l'obligation dans laquelle il se trouva, par suite d'une épidémie de son équipage, de gagner l'île Fernando de Noronha (sur les côtes du Brésil) où les Portugais s'emparèrent et de sa personne et de son navire.

Nommé capitaine de vaisseau dès sa rentrée en France, il écrivit la lettre qui suit à Talleyrand-Périgord, alors ministre des Relations extérieures[1] :

1. Talleyrand-Périgord avait été nommé ministre des Relations extérieures le 19 juillet 1797. Son premier ministère prit fin le 19 juillet 1799.

« *Brest, ce 11 fructidor an Ve de la République.*

« *Le chef de division Dupetithouars au ministre de Relations extérieures.*

« *Citoyen Ministre,*

« *J'ai l'honneur de vous remercier de la part que vous avez bien voulu prendre à la situation dans laquelle je me trouvais vis-à-vis d'une puissance qui avait méconnu ses véritables intérêts au point de provoquer par mon arrestation et ma ruine une guerre toute à l'avantage de la nation qui en veut à la liberté de toutes les autres sur le sein des mers.*

« *Je n'ignore pas, Citoyen Ministre, que le tribut de reconnaissance le plus agréable que je puisse offrir à un homme d'État, c'est de l'assurer que je travaillerai avec touts les efforts dont je suis capable à la gloire du Gouvernement dont il a la confiance et que nous servons en commun.*

« *Si la guerre ne commandait pas impérieusement la direction de ces efforts, ce serait vers un but que vous avez vous-même présenté à vos concitoyens sous ses rapports moraux et patriotiques, que je les fournirais. C'était l'emplacement d'une colonie, basée à peu près sur les principes que vous avez si bien développés, que je voulais chercher, indépendamment des autres objets que j'avais en vue. Le sort a trompé mes espérances, mais puisque au moins dans mes spéculations j'ai pu avoir quelques points de réunion avec vous,*

Pl. XI

Dupetit-Thouars à la Bataille d'Aboukir (1798)

j'en concluerai que mes projets n'avaient pas besoin du succès pour avoir quelque mérite, et que j'aurai toujours des droits à quelque estime si j'en reprends la poursuite.

« *J'espère, Citoyen Ministre, trouver à Paris où j'ai demandé d'aller le moment de vous dire de vive voix combien je vous suis obligé et combien je désirerais que vous pussiez juger de quelle nature désintéressée sont les services que je voudrais rendre à ma patrie.*

Salut et respect. »

Aubert Dupetithouars

Pléville-le-Peley, qui venait de succéder à Truguet comme ministre de la Marine [1] le nomma, au commandement du *Tonnant*, navire de 80 canons, dont l'équipage fit des prodiges de valeur à la bataille d'Aboukir (1798). Dupetit-Thouars, après avoir eu successivement le bras droit, puis le bras gauche, enfin une jambe emportés par trois boulets, se fit, dit-on, mettre dans un baquet plein de son pour avoir encore le temps de donner l'ordre de clouer son pavillon au mât. Nous devons dire toutefois, ajoutent *Les Gloires maritimes,* auxquelles nous empruntons cet acte d'héroïsme, que la notice de Mlle Dupetit-Thouars, sa sœur, ne mentionne pas ce fait, qui du reste n'est point nécessaire à sa gloire.

1. Du 19 juillet 1797 au 27 avril 1798.

Vice-Amiral Comte EMERIAU

IMP. CATALA FRÈRES

LE VICE-AMIRAL COMTE ÉMERIAU
ET
L'ARC DE TRIOMPHE DE L'ÉTOILE

L'arc de triomphe de l'Étoile, élevé par ordre de l'Empereur en l'honneur des armées françaises (Décret du 18 février 1806) ne fut achevé que sous le règne de Louis-Philippe. Commencés au mois de mai suivant, les travaux furent tout d'abord interrompus par les événements de 1814. Ils ne furent repris qu'en 1823.

L'inauguration solennelle eut lieu le 29 juillet 1836.

En outre des groupes de sculpture qui représentent : le Départ (1792), le Triomphe (1810), la Résistance (1814), la Paix (1815) ; en outre des autres ornements qui décorent le monument et l'inscription des victoires qui ont le plus influé sur les destinées de la France, on y a également gravé les noms des braves qui ont contribué à les remporter.

Ces noms, à l'origine, étaient de 384. Partagés en 4 groupes, à raison de 6 colonnes chacun, ils figurent à la face intérieure des massifs nord, est, sud et ouest.

Parmi ces 384 noms, on comptait 15 noms de marins

seulement : Truguet, Villaret-de-Joyeuse, Friant, Bruix, Rosily, Villeneuve, Bisson, Brueys, Gantheaume, Perrée, Caffarelli, Decrès, Suchet, Linois, Duperré.

C'était peu pour la marine qui avait été assez à la peine pour mériter d'être à l'honneur. Aussi, quand, en 1840, une haute commission fut chargée de réparer les oublis qui avaient été commis, de nombreuses réclamations surgirent.

Voici la lettre que le vice-amiral comte Emériau écrivit au maréchal duc de Reggio, qui présidait cette commission :

« *Toulon le 15 décembre 1840.*

« *Monsieur le Maréchal,*

« *J'apprends à l'instant par les journaux que vous êtes chargé de présider une haute commission, appelée à examiner derechef les titres des officiers généraux qui par la nature et la distinction de leurs services sont jugés susceptibles d'être inscrits sur l'arc de triomphe de l'Étoile et transmis à la postérité comme un gage de la reconnaissance de la France pour leurs utiles et importants travaux.*

« *En parcourant, lors de la première inscription, la liste des noms illustres compris dans les tableaux de l'Étoile, je crus reconnaître que parmi, ceux qui avaient occupé, pendant la longue et glorieuse période de l'Empire, les hautes fonctions ou dignités de l'État, et qui s'étaient fait remarquer par d'éminens services, plusieurs omissions avaient été commises, et que l'arme de la Marine n'avait eu que peu ou point d'interprètes auprès du Gouvernement. Cédant aux instances de ma famille, je me trouve entraîné à vous rappeler, Monsieur le Maréchal, ainsi qu'à la commission que vous êtes si justement appelé à présider, que, comme doyen des officiers généraux actuels de la Marine, et comme ayant, indépendamment de mes longs services antérieurs, commandé en chef pendant quatre ans, toutes les forces navales de la Méditerranée, et réuni, pendant la dernière période de la guerre, à cet important commandement celui de tout le littoral de l'arrondissement de Toulon, y compris le fort La Malque et autres forts et batteries de la rade, j'ai su, dans ces momens si difficiles, conserver à la France le précieux arsenal de Toulon et la plus belle moitié de la Marine française placée sous mon commandement, quoique bloqué et menacé par une escadre anglaise très supérieure à la mienne et ayant à sa disposition* 20.000 *hommes de troupes de débarquement. Je ne crois pas devoir reproduire dans cette lettre tout ce que m'a suggéré mon dévouement pour arriver à un si immense résultat qui fut apprécié comme un événement des plus heureux pour la France et surtout pour sa marine.*

« *La notice biographique ci-jointe vous fera connaître, Monsieur le Maréchal, mieux que je ne pourrais le faire moi-même, tous les principaux détails de ma vie militaire qui, quoiqu'indiqués sommairement, mettront un si bon appréciateur que vous, à même de juger les causes qui ont déterminé chacun de mes avancemens et notamment mon grade de vice-amiral, mon élévation à la dignité de grand officier de l'Empire et de premier inspecteur général de la Marine, à celle de grand'croix de la Légion d'honneur ainsi que de l'ordre de la Réunion.*

« *Si vous daignez lire avec quelque attention, ainsi que la commission, la notice biographique que je vous transmets et dont les matériaux ont été puisés par le rédacteur dans les archives de la Marine, peut-être reconnaîtrez-vous, Monsieur le Maréchal, qu'il y aurait lieu de réparer l'omission faite à mon égard, et que je suis digne de figurer au nombre des serviteurs utiles de la patrie.*

« *J'ai l'honneur d'être, avec la plus haute considération, Monsieur le Maréchal, votre très dévoué et affectionné.*

« *Le vice-amiral, Pair de France, ancien premier Inspecteur général de la Marine,*

Cte Emeriau

Cette réclamation était en effet justifiée par de brillants services.

Engagé volontaire à seize ans, le comte Emériau se distingua dans douze sièges ou combats, dans lesquels il fut blessé plusieurs fois. A la bataille d'Aboukir (1798), sa résistance héroïque lui valut des félicitations de la part de Bonaparte.

Nommé préfet maritime de Toulon en 1803, vice-amiral en 1813, bloqué dans Toulon en 1814, il sut, comme il le rappelle dans sa lettre, conserver à la France et le précieux arsenal de ce port et la moitié de la marine française placée sous son commandement.

Appelé à la Chambre des pairs par Napoléon, retraité par la Restauration, il est mort en 1845, après une existence de quatre-vingt-trois ans glorieusement remplie.

Son nom figure sur l'arc de triomphe de l'Étoile, ainsi que ceux de Ver-huel, Missiessy, Hamelin, Latouche-Tréville, Cosmao, de Rosamel, de Sercey, Renaudin, L'Hermite, Troude, Martin, d'Estaing, Willaumez

Pl. XIII

Madame Rose de FREYCINET

Commandant L. C. de SAULCES DE FREYCINET

LE COMMANDANT LOUIS-CLAUDE DE SAULCES DE FREYCINET

LA PERTE DE L'« URANIE » (1822) LE JOURNAL DE VOYAGE DE Mme ROSE DE FREYCINET, SA FEMME.

Au nombre de ses plus illustres représentants, la Marine française compte deux Saulces de Freycinet : l'un, Louis-Henri, devint contre-amiral et est mort en 1840; l'autre, Louis-Claude, capitaine de vaisseau, l'un des fondateurs de la Société de Géographie, membre de l'Académie des Sciences, est mort deux ans après son frère, le 28 août 1842.

Après être resté quelques années dans le service actif (de 1794 à 1805), Louis-Claude dut, par suite de son état de santé, accepter un poste sédentaire à Paris. Il fut attaché au Dépôt des cartes et plans de la Marine et, comme il avait été le compagnon du commandant Baudin dans sa campagne au sud-ouest de l'Australie, il fut chargé de rédiger les travaux hydrographiques exécutés pendant le cours de cette campagne. Son travail fut publié de 1807 à 1816 et forme deux volumes in-4°, avec le titre : *Voyage de découvertes aux terres Australes*.

Nommé capitaine de frégate en 1811, Louis-Claude de Saulces de Freycinet reprit du service actif en 1817. Il fut chargé, à cette époque, par le vicomte Dubouchage, secrétaire d'État au département de la Marine[1], de conduire une expédition scientifique autour du monde, ayant pour objet la détermination de la forme du globe terrestre dans l'hémisphère sud, les phénomènes magnétiques et météorologiques et enfin l'étude des trois règnes de la nature dans ces pays alors si peu connus.

Il appareilla de Toulon le 17 septembre 1817, sur l'*Uranie,* corvette de 20 canons, pourvue d'un équipage choisi par lui, c'est-à-dire d'un équipage d'élite[2] et discipliné. (Il avait été le témoin, à bord du *Naturaliste,* de difficultés et de malentendus survenus parmi les collaborateurs du commandant Baudin : il était bien décidé à les éviter à bord de l'*Uranie*.)

Le 16 décembre, le commandant de Freycinet arrive à Rio-Janeiro. Il y reste deux mois, y installe un observatoire et fait des études très complètes sur les oscillations du pendule. Puis il mouille dans la baie de la Table, à Port-Louis, à Bourbon, enfin à Compang, dans l'île de Timor.

1. 24 septembre 1815 — 23 juin 1817.

2. Au nombre des officiers se trouvaient l'enseigne Duperrey, le futur commandant de la *Coquille*, et Jacques Arago, le frère du grand Arago.

Il se rend ensuite aux îles Marianne où il recueille des renseignements précieux sur le langage et les mœurs des habitants de ces îles ; aux îles Sandwich où il découvre une petite île entourée de récifs dangereux,

qu'il nomme *île Rose,* prénom de Mme de Freycinet, sa femme ; au port Jackson où il procède à des expériences du pendule, qui, comparées avec celles faites au cap de Bonne-Espérance, ont fourni aux savants des rapprochements curieux relativement à la figure de la terre dans l'hémisphère austral.

En résumé, M. de Freycinet, aidé de ses dévoués et intelligents collaborateurs, recueille partout des renseignements intéressant la géographie, l'ethnographie, l'histoire, la physique, l'histoire naturelle. « Son voyage fut un des plus longs et des plus fructueux accomplis sous la Restauration. »

Sa mission terminée, le commandant de Freycinet songea à son retour en France. Mais, poussée par une tempête très violente vers les îles Malouines, l'*Uranie* toucha sur des roches sous-marines, sa carène fut gravement déchirée et le commandant se vit dans la dure nécessité de débarquer son équipage, de sacrifier les travaux de l'expéditon, d'abandonner son bâtiment.

Dans une lettre que nous avons eu la bonne fortune de découvrir, M. de Freycinet raconte les dangers auxquels son équipage a été exposé, les souffrances, morales surtout, qu'il a endurées dans ces moments si critiques de l'échouage et du sauvetage, les difficultés matérielles qu'il a rencontrées pour regagner Rio-Janeiro.

Cette lettre est datée du 6 juillet 1820, quelques mois à peine après la perte de l'*Uranie*. Adressée à un ami intime, son style n'a pas le caractère sec d'une communication officielle, elle est encore toute imprégnée des fortes émotions éprouvées.

Voici cette lettre :

Rio-Janeiro, 6 juillet 1820.

Depuis l'instant où j'ai quitté le port Jackson, Monsieur et cher ami[1], *il m'est arrivé des événements bien extraordinaires et qui non seulement m'ont obligé de modifier les dernières opérations de mon voyage, mais qui m'ont forcé encore de suivre une route un peu différente de celle que j'avais d'abord projetée pour revenir en Europe.*

J'avais heureusement doublé le cap Horn et déjà j'étais venu jeter l'ancre dans la baie de Bon-Succès du détroit de Lemaire, quand un ouragan furieux du sud-ouest est venu m'assaillir et me forcer à reprendre le large; j'ai coupé mon câble et je n'ai dû le salut de mon bâtiment qu'à la célérité de cette manœuvre. Pendant deux jours qu'a duré la tourmente, il a fallu m'abandonner à sec de voile, à l'impulsion du vent. Il eût été difficile, ou du moins très long, de revenir alors à mon précédent mouillage; aussi ai-je préféré la relâche aux îles Malouines (Falkland) qui me restaient sous le vent et à peu de distance. J'ai donc fait voile de ce côté, et n'ai pas tardé à prendre connaissance des terres de ce groupe d'îles, dont j'ai prolongé les côtes septentrionales pour me rendre dans la baie où Bougainville avait établi sa colonie. J'arrivai à son entrée dans l'après-midi du 14 février (de ma date ou le 13 de la date

1. A son honneur M. le baron Field, juge de la supréme cour au Poste Jackson.

*d'Europe). Le temps était magnifique et la brise, sans être faible, me permettait de porter toutes mes voiles. Je naviguais avec les précautions qu'il est d'usage d'employer, quand on est en découvertes et sur des côtes mal connues : c'est-à-dire que j'avais une vigie en tête de mât et que je faisais sonder sans cesse. Tout devait donc m'inspirer la plus grande confiance quand tout à coup le vaisseau frappa contre une roche sous-marine dont rien ne pouvait nous faire soupçonner l'existence : la sonde, en effet, indiquait à tribord 14 brasses d'eau et de l'autre côté 12 brasses; en sorte que le rocher fatal avait une largeur moindre que celle de la corvette! Je me remis promptement à flot en masquant toutes les voiles. D'abord on ne s'apperçut pas que cet incident nous eût occasionné une voie d'eau; mais elle se déclara bientôt avec tant de violence que nous eûmes lieu d'en être effrayés. Ainsi que cela était arrivé au capitaine Cook, il paraît qu'un morceau de la roche sur laquelle nous avions frappé était resté dans le vaisseau, mais que moins heureux que lui elle s'était détachée ensuite par la rapidité de notre sillage. Quoi qu'il en soit nous courûmes tout de suite aux pompes; mais malgré qu'elles fussent excellentes et parfaitement servies, nous vîmes encore avec douleur qu'elles ne pouvaient pas nous franchir; l'eau nous gagnait toujours; aussi sentis-je tout de suite la nécessité de conduire l'*Uranie *à la côte pour sauver du moins l'équipage et s'il se pouvait aussi les travaux de l'expédition. Cepen-*

Pl. XIV

Vue de l'intérieur de la Baie Française

dant autour de nous on ne voyait que falaises de roches tellement escarpées que c'eût été se perdre corps et bien que de les accoster; il fallut donc porter plus loin mes regards pour trouver un lieu de sauvetage; et je n'avais point d'autre espérance que de m'avancer vers le fond de la Baie qui se développait de l'avant à moi. Toutes mes cartes étaient si fautives que je puis dire que je navigais entièrement au hasard. La nuit me surprit dans cette alternative et vint augmenter nos angoisses; j'avais plusieurs lieues à faire pour pénétrer au fond de la Baie française (*c'est ainsi que Bougainville la nomme*); *mais la brise qui m'était d'abord favorable changea et vint me forcer à louvoyer; ce n'est pas tout; le calme survint et m'obligea à mouiller une petite ancre pour éviter d'être, peut-être, entraîné au large par les courans. Il était minuit alors; j'avais déjà l'eau à la hauteur de mon faux-pont et nous étions tous accablés de fatigues; quelle nuit pour tous, mais quelle nuit pour moi! Dieu seul connaît et connaîtra peut-être tous les motifs qui déchiraient mon âme! éprouver un tel désastre à la fin d'un voyage si constamment heureux! et craindre de voir se fermer sur nos têtes l'abîme du Néant prêt à nous engloutir! Cependant nous ne perdions pas notre tems en vaines lamentations; chacun s'efforçait de montrer une assurance au moins factice; il fallait encourager l'équipage et lui inspirer cette confiance sans laquelle il est bien difficile de conduire les hommes; les pompes se ma-*

nœuvraient au bruit des chansons; nous cherchions, comme vous le voyez, mon cher ami, à nous entourer d'illusions... c'est assez là l'histoire de toute notre vie! — J'avais envoyé de bonne heure un canot chercher sur la côte une plage de sable sur laquelle nous pussions nous échouer, mais ce canot ne revenait point; la brise déjà s'était fait sentir; quoique bien faible elle venait du large et nous était par conséquent favorable; il eût été criminel à mes yeux de retarder davantage d'appareiller et quoique mon canot ne fût pas encore venu me donner les renseignemens que je désirais avoir, il fallut bien m'abandonner à ma bonne étoile. Ce fut le moment le plus cruel de ma vie que celui où je remis ainsi sous voiles; ... il fallait absolument, sous peine de couler en mer, il fallait, dis-je, courir sur la terre pour y échouer mon bâtiment, et je ne savais pas si cet échouage, en se faisant sur des roches, ne serait pas la cause de notre ruine. Heureusement, nous suivîmes une bonne direction et mon canot m'étant revenu en route me conduisit vers une jolie plage de sable où je ne tardai pas à échouer la malheureuse Uranie; *il était alors trois heures du matin 15-14 février. Ainsi se terminèrent, après une agonie de douze heures, les plus fortes tribulations de notre voyage. Notre vie était en sûreté; mais il fallait y mettre aussi nos instruments, nos travaux et jeter un coup d'œil sur l'avenir : tel fut l'objet de ma sollicitude la plus constante. En cela encore j'ai été assez heureux pour*

Pl. XV

Le Camp de l'Uranie aux Malouines

réussir : j'ai tout sauvé, *je n'ai eu absolument à regretter que quelques-uns de mes objets d'histoire naturelle qu'on n'a pu retirer de la mer ou qui ont été gâtés par les eaux. Je ne vous donnerai point ici le long détail de tout ce que nous avons fait pour essayer de relever l'*Uranie *et pour la réparer. Il me suffira de vous dire qu'après bien des fatigues il a fallu y renoncer : le mal était trop grave et nos ressources de beaucoup trop insuffisantes. Je ne vous parlerai pas non plus de nos misères pendant deux mois de séjour sur des îles désertes absolument privées de bois et sur lesquelles nous n'avons vécu que des produits de la chasse d'animaux sauvages ou marins. Cependant j'avais sauvé un mois de vivres pour tout mon équipage, mais j'avais défendu d'y toucher sous les peines les plus sévères, parce que je voulais garder ces provisions pour nourrir mon équipage pendant la traversée que je comptais faire plus tard des îles Malouines aux côtes d'Amérique. Dès que nous n'eûmes plus l'espoir de relever l'*Uranie *je fis agrandir et ponter ma chaloupe et fis les préparatifs pour construire des débris de la corvette un bâtiment d'une centaine de tonneaux capable de contenir tout mon équipage. Ma chaloupe d'abord devait se diriger vers Montevideo pour nous chercher du secours; mais si elle avait le malheur de périr en route, alors nous avions la ressource du bâtiment de 100 tonneaux pour nous retirer de notre position critique. Tel était l'état des choses lorsqu'un événe-*

ment imprévu vint répandre la joie parmi nous : ce fut l'arrivée d'un bâtiment américain que la Providence amena dans la baie même où nous nous trouvions. Ce bâtiment avait éprouvé de grandes avaries en doublant le cap Horn ; obligé de relâcher il était venu aux Malouines pour tâcher d'aveugler une voie d'eau considérable qui l'empêchait de naviguer. Je m'empressai d'offrir à ce navire tous les secours en hommes, ouvriers, etc., qui étaient à ma disposition. Bref, en quinze jours je remis ce navire en état de reprendre la mer et je fis marché avec lui pour qu'il me transportât moi, mon équipage, nos travaux et notre bagage à Montevideo. Je n'ai pas lieu d'être satisfait des conditions peu généreuses que le capitaine américain m'a imposées : en un mot, il a cruellement abusé de notre position pour nous rançonner de la manière la plus révoltante. Plus tard, j'ai transigé avec ce misérable et lui ai acheté son bâtiment, et c'est sur ce nouveau vaisseau que je vais continuer mon voyage et opérer mon retour en Europe : je lui ai donné le nom de corvette la Physicienne. — *J'ai débarqué à Montevideo quelques bouches inutiles, et notamment le capitaine et l'équipage américain, et me suis dirigé ensuite vers Rio de Janeiro où je fais radouber en entier la* Physicienne. *Je ferai ensuite route directe pour France et ne retournerai pas au cap de Bonne-Espérance, où réellement je n'avais rien d'important à faire que de laisser raffraîchir mon équipage : cela devient inutile par la direction* *nouvelle qu'il m'a fallu adopter. J'ai été souvent malade pendant mon séjour aux Malouines, ce qui, joint à mes divers travaux et à mes nombreuses inquiétudes, m'a laissé peu de tems de libre. En général avant et après cette époque j'ai eu mes esprits trop peu à moi pour m'occuper de la note que je veux envoyer à l'*Edinburgh review *pour répondre aux impertinentes calomnies du* Quarterly *probablement. Je n'écrirai rien de tout cela avant mon retour à Paris...*

. . . .

L. C. de Freycinet

La *Physicienne* désarma à Cherbourg le 13 octobre 1820. La campagne avait duré trois ans et vingt-six jours.

Traduit devant un Conseil de guerre pour la perte de l'*Uranie,* le commandant de Freycinet fut acquitté à l'unanimité. On ne lui reprocha même pas d'avoir aidé à l'embarquement de Mme de Freycinet à son départ de France[1], et cependant la présence d'une femme jeune,

1. Voici comment Mme Rose de Freycinet raconte son embarquement à bord de l'*Uranie :*

Le soir, à 11 h. 1/2, je pris mes vêtements d'homme, et, accompagnée de Louis et d'un de ses amis, nous nous rendîmes sur le port pour nous em-

d'un physique des plus agréables, pouvait, au milieu d'hommes jeunes aussi, être une cause de difficultés graves, de nature à compromettre la discipline si indispensable à bord d'un bâtiment. Mais les membres du Conseil de guerre savaient que Mme de Freycinet avait été toujours digne et correcte; qu'elle n'avait jamais perdu de vue, à aucun moment de ce long et pénible voyage, la situation délicate qu'elle occupait près du commandant son mari (*qu'elle avait suivi du reste pour obéir au précepte ordonné par Dieu lui-même*). Ils savaient aussi que Mme de Freycinet n'avait pas été seulement bienveillante et bonne pour tout le monde, une épouse dévouée, prodiguant à son mari, dont la santé était un peu chancelante, les soins les plus affectueux, mais que, dans de nombreuses circonstances, elle avait donné des preuves d'une énergie peu commune, tout particulièrement au moment de l'échouage de l'*Uranie*. Elle refusa de quitter son mari et resta à bord jusqu'au départ du dernier matelot.

Esprit très cultivé et très observateur, Mme de Freyci-

barquer. Il semblait que la lune voulût protéger ma fuite; elle se cacha pour empêcher que les personnes qui se trouvaient là ne m'envisageassent et me reconnussent; cependant, au sortir du port, il fallut s'arrêter pour dire le mot d'ordre *et comme on apporta de la lumière, je ne savais où me cacher. Enfin, tout en tremblant, j'arrive le long du bord et j'y monte le plus lestement possible et je suis obligée de passer au milieu de tous les officiers qui se trouvaient sur le pont : quelques-uns demandèrent qui j'étais et l'ami qui nous accompagnait assura que c'était son fils, qui, en effet, est à peu près de ma taille. Je fus encore bien agitée toute la nuit, il me semblait toujours que j'avais été reconnue et que l'amiral commandant en ayant été instruit envoyait dire qu'on me renvoyât à terre : le moindre bruit m'effrayait et je continuai d'avoir des craintes jusqu'à ce que nous fussions hors de la rade.*

net a écrit, pour l'une de ses parentes, sa chère Caroline, un journal dans lequel elle trace ses impressions de chaque jour, laissant, dit-elle, *parler souvent son cœur, sans songer à autre chose.*

Ce journal, dont je dois la communication à M. le baron de Saulces de Freycinet, capitaine de frégate en retraite, petit-neveu de Mme de Freycinet, n'a jamais été publié. On ne peut que le regretter, car il contient de fort jolies descriptions et des études de mœurs prises sur le vif, très spirituellement écrites.

Mme de Freycinet est morte le 7 mai 1832, à Paris, à l'âge de trente-huit ans.

Quant au commandant, qui ne se consola jamais de la mort de sa femme, il se consacra entièrement à la rédaction de son voyage. Il est mort le 28 août 1842, sans l'avoir achevé.

LE CONTRE-AMIRAL DE KERGUELEN

SES TRAVAUX. — SA CONDAMNATION SA RÉINTÉGRATION

La vie maritime du contre-amiral de Kerguelen a été surtout remplie par des missions : en 1767 et 1768, il fut envoyé sur les côtes d'Islande pour y protéger la pêche; puis il fit un voyage en Angleterre pour y étudier la construction navale. En 1769 et 1770, il releva les côtes de France. Enfin, et sur sa proposition, il partit le 1er mai 1770, à la recherche des terres Australes.

Après un voyage de quatorze mois, pendant lequel il découvrit des îles auxquelles il donna le nom de *Terres de Kerguelen,* il revint à Brest, reçut de la main de Louis XV la croix de Saint-Louis et fut nommé capitaine de vaisseau. Il avait trente-sept ans et vingt et un ans de services [1].

Cet avancement rapide lui suscita de nombreux ennemis parmi ses camarades et il fut l'objet, de leur part, d'accusations qui se manifestèrent surtout après son second voyage aux terres de Kerguelen, accusations dont la nature est précisée et commentée dans une note manuscrite que j'ai sous les yeux, note écrite de la main même de la fille de l'amiral, Mme Doncquer de T'serroeloff :

« A son retour, dit-elle, la jalousie de ses rivaux était d'autant plus irritée que le bruit avait couru qu'il devait paraître une promotion de cinq chefs d'escadre parmi lesquels il était compris. Ses ennemis appesantirent les charges portées contre lui et parvinrent à le faire traduire devant un conseil de guerre. Il fut arrêté, détenu avec de grandes rigueurs à bord du vaisseau amiral et, quatre mois après, déchu de son grade et condamné à être renfermé dans une prison d'État, au château de Saumur, mais sans être privé de sa croix de Saint-Louis. Parmi les inculpations dirigées contre lui se trouve celle d'avoir proposé un défi à tous ses officiers; Kerguelen prétend qu'il leur a seulement dit, en se plaignant que le service ne se faisait pas bien : « Messieurs, je veux que mes ordres soient exécutés; je suis votre supérieur en mer, je serai votre égal à terre [2]. »

1. Né en 1734. Entré au service en 1750.

2. On lit dans *la France biographique illustrée*, t. Ier, p. 132 : M. de Kerguelen fut arrêté et traduit devant un conseil de guerre pour avoir aban-

Kerguelen n'attendit pas d'avoir recouvré sa liberté pour protester contre le jugement rendu contre lui. Le 5 décembre 1778, il écrivit de Rochefort au ministre, M. de Sartine[1] :

Monseigneur,

En arrivant icy j'ai trouvé des marques de vos bontés par l'ordre que vous avez bien voulu donner de me fournir des secours. J'ai l'honneur de vous en faire mes remercimens. M. de La Touche et M. Marchais m'ont reçu avec amitié, et m'ont promis leurs bons offices. Mais, Monseigneur, le lieu où je me trouve m'inspire de cruelles réflexions; permettez-moi de les soumettre à la bonté de votre cœur, à votre justice et à votre humanité! tous les hasards des circonstances semblent s'être réunis et combinés pour me faire mieux sentir ce que j'ai été et ce que je suis. On m'a dégradé de mon état où je n'ai eu d'autre ambition que de me distinguer. Les bontés de mon Roi m'ont suscité des persécutions, des ennemis. Un jugement affreux autant qu'inique auroit compromis mon honneur, si quinze années de commandement, si la rivalité connue et la passion ou la faiblesse de mes juges ne me justifioient pas aux yeux du public instruit et éclairé. Oui, Monseigneur, un jour viendra où ma conduitte exposée au grand jour intéressera

donné, dans les parages qu'il venait de visiter, une embarcation montée de plusieurs officiers et matelots... M. Kerguelen ne put se soustraire à cette accusation.

1. 24 août 1774-6 juin 1780.

tous les bons citoyens en faveur d'un officier qui a servi vingt-cinq ans avec zèle dans toutes les parties du monde et dont les travaux ont été utiles à son maître et à sa patrie. *Je me dois à moi-même cette justification, je la dois au public et à ma famille. Elle paroitra donc même après ma mort, car tout est préparé pour cela, moins pour humilier mes ennemis, que pour prouver complettement que la confiance dont je fus honoré je n'ai pas mérité de la perdre, et moins encore d'être inhumainement traité, emprisonné, avili, condamné; mais avant ce moment, Monseigneur, mon premier devoir est de me conformer à vos désirs. C'est pour les remplir que je suis à Rochefort. Quel triste souvenir ce lieu me rappelle! Où suis-je! au milieu de qui! en quelle qualité! Cependant je n'en suis pas, Monseigneur, moins ardemment dévoué au service du Roi; si je n'ai pas au gré du public les moyens de faire éclatter toute l'ardeur de mon zèle pour la gloire de l'État et pour la vôtre, j'aurai la satisfaction d'avoir exécuté tout ce qui étoit en mon faible pouvoir, et de vous avoir marqué mon désir de vous plaire.*

Je suis, etc...

Kerguelen

Mis en liberté en 1779, Kerguelen, avec l'aide de ses amis, arma un bâtiment de 300 tonneaux « pour aller faire des découvertes ou des observations utiles à tous les navigateurs du monde [1] ». Ce bâtiment, le *Liber Navigator*, portait 10 canons. A sa sortie de Paimbœuf, il fut pris par un corsaire anglais (1781).

A la Révolution, les officiers nobles ayant abandonné en masse le service, la Convention se vit dans l'obligation de les remplacer par des hommes de la marine marchande, bons marins sans doute, mais complètement ignorants de la tactique navale. C'est alors que Kerguelen, qui s'était rallié avec ardeur aux idées nouvelles, offrit de nouveau ses services, s'appuyant sur *ses talens* et se déclarant *capable de former la marine régénérée sur les bases de la Constitution.*

Voilà deux mois, écrit-il[2], *que je suis à Paris pour une affaire que l'on ne croyoit pas devoir m'y arrêter huit jours et dans une circonstance où l'on a un besoin si urgent de chefs expérimentés que le ministre de la Marine a demandé à l'assemblée nationale à l'authoriser à nommer pour contre-amiraux des officiers de quinze ans de service avec quelle commandements. J'ai trente ans de services et dix de commandement. J'ai commandé en chef des divisions et des escadres.*

Les citoyens de Brest viennent de faire adresser à la Société des amis de la Constitution séante aux Jacobins, par l'organe de M. Collot d'Herbois, une nouvelle pétition en ma faveur : ils disent : ce n'est pas une grâce que nous demandons pour M. Kerguelen, c'est

1. Lettre de Kerguelen au ministre, Saumur le 22 février 1780.
2. Lettre du 21 juin 1792, l'an Ier de la Liberté.

une justice. C'est la patrie qui la demande; après les témoignages de l'estime de mes concitoyens je serois consolé, quand même l'assemblée nationale ne me rendroit pas la justice que j'ose en attendre.

J'ai vu M. Kersaint, M. Guadet et plusieurs députés; tous sont d'avis et pensent qu'il ne faut plus me soumettre à aucun jugement. Je suis jugé par l'opinion publique, puisque mes concitoyens me réclament, il faut anéantir le jugement de l'ancien régime, le mépriser et l'effacer en déclarant simplement par un décret que je suis capable de commander, de former la marine régénérée sur les bases de la constitution *et me mettre a porté promptement de faire instruire cette année les officiers de mer dans la théorie et dans la pratique de la tactique navale.*

En grâce, Monsieur, ayez la bonté de faire votre rapport sur le vœu des corps administratifs du Finistère, sur la pétition des citoyens de Brest et sur mes talens, services et patriotisme. Un mot de vous, un rapport de trois minutes fait par vous suffit pour ma réintégration, pour le bien-être de mes enfans[1] *ainsi que leur félicité, et nous vous en témoignerons la reconnaissance la plus sensible; mes enfans vous de-*

1. M. de Kerguelen avait deux fils et une fille. Aucun de ses fils n'était marin; tous les deux, après avoir été pages à la cour de Louis XVI, étaient entrés comme officiers dans des régiments de cavalerie et émigrèrent à l'époque de la Révolution. Il est vrai qu'il avait pour gendre un officier de marine, M. le comte de Kerguern, capitaine de vaisseau, d'un rare mérite, mais qui émigra également et a péri depuis à l'affaire de Quiberon. — Sa fille devint Mme Doncquer de T'serroeloff, auteur de la notice dont nous avons déjà parlé et à laquelle nous empruntons ces renseignements.

vront pour ainsi dire la vie, et que ne doivent-ils pas faire pour leur sauveur, ainsi que moi!

. . . .

. . . .

Kerguelen

Il fallut que Monge arrivât au pouvoir (12 août 1792) pour que Kerguelen reçût satisfaction, et encore sa réintégration fut-elle due à une circonstance toute particulière, ainsi racontée par sa fille :

« L'entrée de Kerguelen au ministère fut due à M. de Taillevis, lui-même d'abord adjoint au ministre Monge, qui donna à cette occasion un exemple de dévouement bien digne d'être imité. Ayant appris que le contre-amiral de Kerguelen n'était pas éloigné de reprendre du service, il proposa au ministre Monge[1] de le choisir en sa place pour adjoint, comme l'un des marins les plus expérimentés qu'eût encore la France, et de servir sous lui en qualité de chef de bureau. Monge accepta cette généreuse proposition et déjà Kerguelen avait fait adopter divers plans utiles, lorsque le ministre et lui-même furent destitués sous prétexte de royalisme » (10 avril 1793).

L'amiral de Kerguelen fut réintégré peu de temps après.

1. Dans son histoire des événements maritimes entre la France et l'An-

A la bataille de Groix (juin 1795), il commandait *le Redoutable*. Sa belle conduite lui valut des éloges officiels de la part du commandant en chef Villaret[1].

Il succomba à une courte maladie le 3 mars 1797, à l'âge de soixante-trois ans.

gleterre, Kerguelen reproduit la lettre de Taillevis au ministre Monge et la lettre qui lui a été adressée par ce dernier.

1. Rapport de l'amiral Villaret à la Convention du 4 fructidor an III.

Pl. XVI

LE CHEF D'ESCADRE MARQUIS DE L'ÉTANDUÈRE

AU COMBAT DU 23 OCTOBRE 1747

Le fait d'armes le plus saillant de la vie militaire du chef d'escadre le marquis des Herbiers de l'Étanduère, est certainement le combat qu'il soutint, le 23 octobre 1747, contre une escadre anglaise commandée par le contre-amiral Hawke.

Chargé de conduire 250 voiles marchandes à destination des îles d'Amérique, L'Étanduère attendait à Rochefort son ordre de départ, lorsqu'il apprit que des forces importantes anglaises, composées de 24 vaisseaux de guerre et de 6 frégates croisaient sur les côtes du Finistère. Il estimait que, dans ces conditions, il était peu prudent de prendre la mer. « *Si le retardement du départ, écrit-il au ministre, le comte de Maurepas*[1], *sera préjudiciable au comerce et aux colonies qui en ont grand besoin, la perte dudit convoy seroit encore un plus grand mal.* » Il insiste donc pour attendre une

1. 13 novembre 1723-1749.

occasion plus favorable, et, en marin consommé qu'il est, il cherche à convaincre son ministre, en lui exposant toutes les considérations qui justifient l'adoption d'un ajournement de départ :

« *Il y a toutte aparence, lui dit-il, que les escadres angloises ne tiendront pas la mer longtems; elles ne la tiennent jamais l'hyvert et en suposant qu'elles puissent la tenir, les longues nuits favorisent les pasages; si une flotte n'est pas découverte dès le point du jour et que la journée soit un peu avancée lorsque les ennemis commencent à luy donner chasse, elle ne peut estre jointe avant la nuit, et pour lors, on fait fausse routte, ainsy, pour touttes sortes de raisons l'hyvert est la saison la plus convenable pour la sortie et pour l'arivée des flottes.* »

Et il ajoute :

« *Il faut observer, Monseigneur, qu'une flotte aussy nombreuse, surtout de la façon dont les marchands naviguent, occupera au moins une espace de 4 ou 5 lieues en tout sens, et que de 4 ou 5 lieues tout autour de cette espace elle peut estre découverte; ainsy il faut que pour passer sans estre vue qu'elle trouve bien juste le milieu d'un vide de 15 lieux de large qui ne soit point gardé par les ennemis, et que ce vide se trouve dans letandue d'environ 50 à 60 lieux, sur laquelle les vaisseaux des escadres ennemies sonts étandus à peu de distance les uns des autres pendant le jour, ils se rallient au commandant tous les soirs.*

« *Ce n'est donc uniquement qu'à la faveur des lon-*

gues nuits et de la brume qu'on peut espérer de traverser, sans estre vue, la ligne sur laquelle les vaisseaux ennemis s'étendent le jour pour découvrir plus de mer; de penser, Monseigneur, qu'en sortant avec mon escadre et laissant la flotte de l'arière avec une frégatte d'escorte pour que les marchands partent ensuitte par petittes parties et qu'ils suivent la routte que je leurs doneray cela me paroits aucunement avantageux ny pratiquable, il faudroit avoir les vents à point nomer, et encore quand on les auroit; quelque routte que je pusse leur indiquer il faudroit toujours traverser letandue cy dessus en quelque point, ma ditte escadre netant pas jointe parce qu'elle seroit partie la première et incertaine de retrouver la flotte ne luy seroit plus d'aucune utilité pour sa sûreté, on ne peut compter qu'une flotte vienne se rendre à un rendez-vous qu'on luy donneroit en pleine mer elle est forcée de suivre la routte que les vents luy permettent de faire la plus raprochante de sa destination, on croit souvent de passer à 30 ou 40 lieux du cap du Finistère et l'on est obligé d'en passer à 10 ou à 60.

« *Une partie de cette grande flotte étant partie la première après l'escadre, que le vent vienne à changer, il se passera peut estre un mois avant qu'il en puisse passer une seconde, la mesme chose arrivera à chaque division il faudroit donc au moins une frégatte à chaqune des parties de la ditte flotte et quand on l'a diviseroit en 4 ou 5 divisions, chaqune de ces portions feroit une flotte assez considérable.*

Il termine ainsi sa lettre :

« *Je n'ay jamais plus souhaité que mon expérience et mon zèle me puissent inspirer quelques expédients, mais je n'en n'ay point qui puisse surmonter des forces aussi supérieures, et qui me paroits le meilleur c'est le retardement du départ jusqu'à la rentrée des escadres ennemies, ou de laisser partir ces marchands sans escorte dans le mois de novembre, affin que les longues nuits puissent leur favoriser les passages dans les croisières qui sonts gardée.*

« *Je vais toujours, Monseigneur me mettre en état d'exécuter vos ordres.* »

. . . .

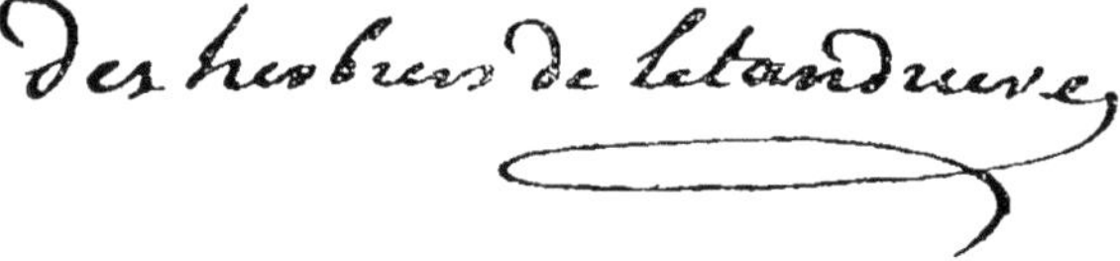

A Rochefort, le 30 *septembre* 1747.

Ces considérations, si justes, faites par un marin de la valeur de L'Étanduère, qui comptait alors quarante-cinq ans de services, auraient dû, il semble, être jugées suffisantes pour ajourner le départ du convoi. Le comte de Maurepas en jugea autrement et L'Étanduère quitta la rade de l'île d'Aix le 6 octobre 1747.

Ce qu'il avait prévu arriva : presque à sa sortie, le convoi fut attaqué par l'amiral anglais.

Le combat dura huit heures, 4 vaisseaux furent entièrement démâtés et L'Étanduère, qui montait *le Tonnant*

Le Tonnant commandé par Des Herbiers de l'Etanduère,
au Combat du 6 Octobre 1747

de 80 canons, eut été pris si le commandant de *l'Intrépide,* le comte de Vaudreuil, ne l'avait pas énergiquement soutenu. C'est cet officier qui eut l'honneur de ramener à Brest le vaisseau amiral.

Ce beau fait d'armes valut à L'Étanduère le titre de commandeur de Saint-Louis.

Il mourut trois ans après, en 1750.

Amiral Comte de RIGNY

L'AMIRAL COMTE DE RIGNY

SA CAMPAGNE DANS LE LEVANT EN 1822

C'est surtout dans le Levant que l'amiral de Rigny exerça son commandement et on a eu raison d'écrire que « pour indiquer en détail ce qu'a fait cet officier général dans ces parages, il faudrait retracer l'histoire complète et circonstanciée des luttes du Péloponèse et de l'Attique contre les Turcs ».

Il fut envoyé dans le Levant, pour la deuxième fois, sur *la Médée,* pour y commander les forces navales. C'était au début de l'insurrection grecque et il n'était encore que capitaine de vaisseau.

De retour à Toulon il écrivit à l'un de ses amis cette lettre pleine d'humour, dans laquelle il retrace son rôle et les impressions qu'il a éprouvées pendant sa campagne :

La Médée, à Toulon, 6 novembre 1822.

Tandis que la palette en mains, mon cher Comte, vous paignez l'Alhambra, je vas et je viens sur cette côte ainsi que faisaient jadis les Abencerrages.

J'ai couru tout naguères les pays que vous avez visités en amateur. J'ai revu la Syrie, Abdalla pacha et Méhémet Ali. J'ai mis la paix en Chypre entre deux beys, dont les troupes, prêtes à se charger, s'amusaient, en attendant, à brûler Lamarra et à sabrer les Grecs. A Rhodes, j'ai failli être étouffé par le Bey lorsque je lui appris le saut tragique du Capitan Pacha[1]*; il s'attendait à le remplacer; plus tard, en y repassant, je le trouvais maudissant Mahmoud et Mahomet, comme nous maudissons un ministre après une promotion où nous sommes oubliés, et c'est ce qui vient de m'arriver*[2]. »

J'ai passé sur les cendres et les cadavres de Chio[3]*; vous, moi et tant d'autres avons vu de bien sanglantes scènes, mais jamais rien d'aussi atroce dans les détails. Que n'étiez-vous là, Horace et vous!*

Je n'ai fait que toucher à Smirne, où chacun fait argent des Grecs, les uns en les vendant, les autres en leur vendant asile ou protection. Glorifiez-vous du nom Français. Nous sommes purs de toutes ces infamies, nous n'avons rien vendu, rien acheté. On rendra cette justice aux officiers que S. M. y a envoyés.

1. Para Ali, capitan Pacha commandait la flotte turque qui était au mouillage dans le port de Chio. Deux hommes de Psara, Constantin Canaris et Pépinos jurèrent de la détruire. Canaris accrocha un brûlot au vaisseau amiral. Capitan Pacha voulut se sauver. Il se jeta dans une embarcation et chavira. Il rendit le dernier soupir en arrivant au rivage.

Le feu se propagea parmi les autres vaisseaux qui furent tous détruits.

(*La Grèce Moderne.*)

2. Il fut nommé contre-amiral en 1825.

3. Sur 115.000 habitants, 23.000 furent égorgés, 17.000 conduits dans les bagnes de Constantinople ou vendus comme esclaves. Le reste réussit à fuir sur les côtes d'Asie, à Tsara et dans les autres îles

« *J'ai voulu voir la flotte d'Hydra*[1]. *J'y ai été. J'ai trouvé cette peuplade préparant ses armes et ses vaisseaux, prête à suivre un nouveau Thémistocle et jettant parfois un œil incertain sur le rivage hospitalier de la France. L'amiral est venu à bord avec le Grec intrépide*[2] *qui a mis le feu au vaisseau de Capitan Pacha. Ils vont tenter encore la même fortune. De là j'ai pénétré dans le golfe de Romanie et je suis arrivé près d'Argos au moment où les Grecs d'abord effrayés de l'invasion des Turcs en Morée se remettaient un peu. J'ai assisté avec une longue vue aux combats successifs à la suite desquels les Turcs de Churchild pacha ont été rejettés sur Corinthe.* La Robelina *fesait par mer le blocus de Naples de Romanie. Je lui ai donné à déjeuner et j'ai entendu les soupirs patriotiques qu'elle exhalait, en comparant l'ordre militaire de mes canons avec sa modeste escadrille.*

Tout cela, mon cher ami, avec Naples et Messine, a été l'affaire de sept à huit mois. J'ai rencontré, chemin faisant, bien des Grecs qui m'ont demandé de vos nouvelles. J'en ai donné à tort et à travers. C'est un bonheur, vous l'avez éprouvé souvent, que de parler dans les pays lointains de ce qu'on a laissé dans le sien. Le souvenir qu'un questionneur vous rappelle ne vient

1. Le 16 avril 1821, les îles annoncèrent, par un manifeste, leur résolution de concourir à la délivrance de la patrie commune. La flotte la plus considérable était celle d'Hydra, qui était commandée par l'amiral Miaoulis, célèbre marin, mort en 1836..... Son corps repose à la pointe du Pirée, en vue de la mer, à deux pas des débris antiques que les Grecs appellent le Tombeau de Thémistocle. (*La Grèce Moderne.*)

2. Constantin Canaris.

jamais seul. Un moment on se croit au milieu de ses amis. Les palmiers, les minarets, les turbans disparaissent : Paris, les Bouffes, les grands chapeaux, les petits dîners chez les garçons, les sallons de l'un et l'autre fauxbourg passent en revue; et le songe survivrait plus longtemps si l'importun muezzin ne venait crier l'ablution et la prière.

Parlons cependant de choses moins vagues. Ne pouvez-vous, ne voulez-vous rien faire pour le cabinet de Drovetti[1]*. Vous savez que la grande partie est à Livourne. Moi je sais qu'on lui offre ailleurs 1000 mille écus de ce qui n'est pas moitié de sa collection. Depuis ce que vous avez vu, il y a ajouté des monolythes prodigieux qui sont encore sur le Nil. Vous êtes, mon cher ami, le gardien, le conservateur de nos musées; mais surtout vous n'en êtes pas l'eunuque. Attirez donc encore quelque chose dans cette sphère, dont vous êtes le centre. C'est quelque 100 mille francs qu'il en coûtera au Roi. On assure que M. de Richelieu l'aurait fait. Pourquoi M. de L..... ne le ferait-il pas?*

Pardonnez ces vœux à un profane, à un ignorant si vous voulez; mais qui pourtant n'est ni sourd, ni aveugle.

Mille complimens, je vous prie, à nos amis communs, à Gabriel. Il s'est passé d'étranges mistères dans un horison voisin; mais quand on vient de Mem-

1. Né à Livourne (1775-1852), consul général de France en Egypte sous l'Empire et la Restauration. Il y forma deux collections d'antiquités. La plus considérable fut acquise par le roi de Sardaigne pour Turin : l'autre, par Charles X, pour le Louvre, en 1826.

phis et d'Eleusis, on doit être discret comme la harpe Calédonienne.

Adieu, mon cher Comte; pensez quelquefois à celui qui vous est bien dévoué. Je vous offre de bien bon cœur mes faibles services. Vous savez que je retourne au Levant, commandant la station.

H. d. Rigny

L'amiral de Rigny fut en effet envoyé de nouveau dans le Levant : il commandait la flotte française à la bataille de Navarin (20 octobre 1827). « Vous avez dirigé votre escadre d'une manière qui ne pourrait être surpassée par personne, lui dit le lendemain l'amiral anglais Codrington, commandant en chef les escadres réunies de France, d'Angleterre et de Russie. »

A la suite de ce brillant fait d'armes, M. de Rigny fut promu vice-amiral.

Ministre de la Marine en 1831 [1] et ministre des Affaires étrangères en 1834 [2], l'amiral de Rigny est mort le 7 novembre 1835.

1. Du 13 mars 1831 au 4 avril 1834.
2. Du 4 avril 1834 au 10 novembre suivant.

Pl. XI

Vice-Amiral Comte ROSILY-MESROS

IMP. CATAL.

LE VICE-AMIRAL ROSILY-MESROS

SA MISSION EN COCHINCHINE EN 1789

L'intervention militaire de la France en Cochinchine date de la fin du XVIIIe siècle.

Le roi d'Annam, Tien-Thon, ayant été dépossédé de son trône et massacré en 1779, son fils Théto ou Nguyen-Ouh, dut demander asile tout d'abord à la cour de Bang-kok, puis à l'évêque d'Adran, Mgr Pigneau de Béhaine.

Sur les conseils de ce dernier, Theto se décida à solliciter l'appui de la France pour reconquérir la couronne.

Mgr de Béhaine, accompagné du fils de Théto, enfant de six ans, vint lui-même pour négocier avec le gouvernement français une alliance offensive et défensive.

Ce traité fut signé à Versailles, le 28 novembre 1787, par le comte de Montmorin et par Mgr de Béhaine. Il stipulait, entre autres clauses, la cession à la France, en toute propriété comme en souveraineté, de la presqu'île de Tourane et de l'île de Poulo-Condore. Le port de Tourane devait appartenir concurremment aux deux puissances, et nous étions autorisés à y créer tous les établissements jugés nécessaires tant à notre navigation et à notre commerce qu'à la réparation et à la construction de nos bâtiments. Nous devions de plus jouir d'une liberté absolue d'échange et de circulation dans tout le pays, à l'exclusion des autres peuples [1] (*Notices sur les Colonies Françaises,* Challamel, 1866).

Mgr de Béhaine et le fils de Théto effectuèrent leur retour sur la frégate *la Vénus*, que commandait M. Rosily-Mesros.

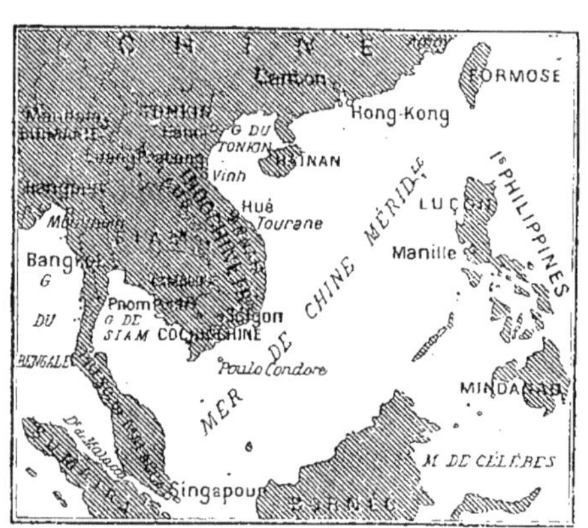

Nous sommes arrivé à Pulo Condor le 23 de juillet, écrit-il à M. Moracin, intendant à Pondichéry [2], *et n'ayant pas trouvé de bâtimens convenables à la sûreté personnelle du Prince et de Mgr l'évêque ni de leurs effets, le père pa... qui se trouva ici a été dépêché dans un petit bateau pour nous annoncer et nous avons fait route pour la rivière de Saïgon. Nous avons reconnus le 26 le cap St-Jacques et nous sommes entrés dans une rade superbe, dans laquelle nous avons remontés 3 ou 4 lieues. Le 28, une vingtaine de galères, très ornées et escortant un bateau très joliment sculpté et peint, por-*

1. Ce traité n'eut aucune suite, la Révolution étant survenue.
2. Cette lettre porte la date du 14 décembre 1789.

tant 16 canons de 4 et un de 16, tous en fonte, remorqué par 7 autres, sont venues avec pompe prendre le petit prince à son débarquement. Je l'ai fait saluer de 15 coups de canons et je l'ai fait accompagner par M. de Béhin et quelqu'autres officiers, pour être remis au Roi son père. J'ai cru devoir ajouter à cette petite Ambassade deux milliers de poudre, afin que le petit prince n'eût pas l'air d'arriver tout à fait les mains vides et faire plaisir à l'évêque qui paraissait le désirer.

Le roi Théto ayant répondu à ces gracieusetés du commandant français par un envoi, à l'équipage de *la Vénus*, de 10 bœufs, de 20 cochons, de volailles, de poissons, de fruits et de rafraîchissements, Rosily-Mesros remit, pour le petit Prince, une barrique de vin, une d'eau-de-vie et deux quarts de farine, estimant que le *Roi de France ne peut accepter sans donner*. Mais n'ignorant pas qu'il s'exposait à des observations de la part des services comptables de son administration, il fit appel à l'amitié de M. de Moracin : « *en ce cas, lui écrit-il, qu'on veuille jeter quelque blâme, parce que souvent on désaprouve ce que font les autres, vous serez mon avocat* ».

La lettre du commandant Rosily-Mesros ne nous fait pas seulement connaître les honneurs rendus à l'arrivée du fils de Théto et la nature des cadeaux échangés dans cette circonstance, elle nous renseigne sur la culture du pays, partie la plus riche de la

Cochinchine, sur les ressources militaires dont le roi pouvait disposer en 1789, sur les difficultés qu'il éprouvait à se maintenir sur le trône et sur le caractère du roi Théto.

A ces différents points de vue, cette lettre est fort intéressante :

Le Roi, dit-il, *est paisible possesseur de cinq petites provinces et de la partie du Cambodge au nord de la rivière de ce nom. Le Roi de Siam s'est emparé de l'autre.*

Son pays est tout coupé de rivières et est la partie la plus riche de la Cochinchine, pour la culture du riz. Il est susceptible d'une très grande deffense. On m'a dit qu'il n'avoit pas plus de dix à douze mille hommes de troupes un peu réglées, dont le tiers seulement a des fusils, les autres sont armés d'arcs, de lances et de fusées, qu'ils tirent comme des flèches et des sabres.

Ce roi a beaucoup d'activité et d'industrie; M. Olivier lui est très utile. Ce jeune homme a fait icy un mortier et des affûts très bien faits. Il a commencé un fort; mais le besoin que le Roi a de presser cet ouvrage ne lui permet pas d'y mettre toute la solidité qu'il désiroit et d'autant plus que l'argent manque. Ce roi a affaire à un homme bien puissant et dont les cruautés impriment icy une terreur à son seul nom.

S'il est attaqué, ajoute le commandant Rosily-Mesros, *il ne peut résister en ce moment. Il lui faut quelques années de tranquillité; il a formé en peu de temps des arsenaux, des fonderies pour les mortiers et les canons; il a des armuriers qui réparent les fusils d'Europe; il fait couler des balles de perriers et de mousquets; il a des chantiers; il y fait construire des bâtimens assez grands et propres à embosser sur la rivière. Il paroit qu'il se met sur la deffensive et sa politique est juste; car pour toutes les informations que j'ai pu prendre, il ne peut s'étendre pour le moment sans force européenne, il a une trop petite flotte. Il est journellement menacé d'être attaqué; mais je crois qu'il ne le sera pas encore cette année. Faissons croire qu'il lui arrive des troupes européennes. M. Dayot*[1] *entré dans cette rivière achèvera de le persuadé, il n'oserait pas risquer ses forces, dans ce cas, parce que le moindre échec affirmerait la crainte que les gens de ce pays ont de l'art et de la bravoure de nos troupes. Il pourroit être abandonné par une grande partie de son armée, le Tonquin se souleveroit et peut-être plusieurs de ses propres provinces; il est extrêmement craint, mais il n'est point aimé; il affecte même des cruautés inouïes pour répandre plus de terreur; aussi rien ne lui résiste; il a dernièrement battu les Chinois, la seconde fois a été par trahison; il a fait semblant de reconnaitre l'Empereur de la Chine pour vassal, a donné une fête à tous les ... et chefs chinois. On prétend qu'ils montaient à trois mille. Il les a fait tous faits égorger et*

1. M. Dayot fut un des conseillers les plus utiles du roi et son nom est resté populaire dans le pays.

ensuite attaqué l'armée qu'il a détruite. Les femmes des généraux n'ont même pas été respectées : il les a mis à couper l'herbe pour ses éléphants et les soigner[1].

. . . .

Le commandant Rosily-Mesros profita de son séjour pour visiter les côtes de la Cochinchine. Puis, il se dirigea sur l'Inde, où il remplaça à la tête de la station navale, le comte de Macnémara, qui venait d'y être assassiné.

Il était à la tête du Dépôt des Cartes et Plans de la marine lorsqu'il fut nommé vice-amiral (1795).

En 1805, sur l'ordre de Napoléon, il se rendit à Cadix pour y prendre le commandement de la flotte espagnole. Il n'y arriva que le lendemain de Trafalgar.

Bloqué d'une part, par une escadre anglaise et, d'autre part, menacé par la population de Cadix qui s'était mise en insurrection, il dut amener son pavillon, n'obtenant le retour en France que pour lui-même et ses officiers.

1. Après la mort du roi Théto, l'attitude de ses successeurs vis-à-vis des représentants du gouvernement français et les persécutions exercées contre les chrétiens décidèrent la France à agir vigoureusement. Les premières opérations furent conduites par l'amiral Rigault de Genouilly (1858), continuées par les amiraux Page (1859), Charner et Bonard (1861). Le 5 juin 1862, la paix était signée à Saïgon, avec Tuduc.

L'amiral Rosily-Mesros est mort à Paris en janvier 1833. Son nom est inscrit sur l'arc de triomphe.

Il a laissé quelques ouvrages :

Supplément au Neptune de l'Inde, gr. in-8°.

Instruction nautique sur les côtes de la Guyane, 1817, in-8°.

Instruction pour aller chercher la barre de Bayonne et entrer dans la rivière ou pour relâcher dans les environs, 1815, in-8°.

Livre des signaux de nuit et de brume, 1831, in-4°.

Le Pilote français, 5 vol., in-8°.

Pl. XX

Amiral Baron ROUSSIN

IMP. CATALA FRÈRES

L'AMIRAL ROUSSIN

SA MISSION AU BRÉSIL EN 1828. — LETTRE A HYDE DE NEUVILLE, MINISTRE DE LA MARINE

Les états de service de l'amiral Roussin ne sont qu'une longue série de campagnes en Norvège, en Islande, aux Antilles, aux Indes, une suite de nombreux et brillants combats, dans lesquels sa belle conduite lui valut le grade de capitaine de frégate en 1810. (Il s'était engagé comme mousse en 1793.)

Promu capitaine de vaisseau en 1814, créé baron et fait contre-amiral en 1824, il fut chargé par le Gouvernement français de demander au Gouvernement brésilien réparation des dommages causés au commerce français par le blocus de Buenos-Ayres.

Sa division, composée de 2 vaisseaux et de 4 frégates, quitta Brest au mois de mai 1828, faisant directement route sur Rio-Janeiro. L'amiral Roussin obtint satisfaction et voici comment, dans une lettre intime, écrite de Rio-Janeiro, à bord du *Duquesne*, le 25 janvier 1829, il rendit compte du succès de sa mission au baron Hyde de Neuville, alors ministre de la Marine [1].

Monsieur l'Amiral,

J'ai eu l'honneur de vous écrire quelques mois après mon arrivée en ce pays. C'était un devoir pour moi de reconnaître autant que je le pouvais les bontés nombreuses que vous m'avez témoignées ainsi qu'à ma famille pendant notre séjour à Paris et je ne pouvais manquer de vous donner signe d'une vie qui compte au nombre de ses souvenirs les plus flatteurs ceux de votre amitié pour nous. Mais vous ne me donnez pas de vos nouvelles à votre tour. Je m'en afflige plus que je m'en étonne; on n'écrit guère aux gens de l'autre monde. *Néanmoins il ne tiendra pas à moi que vous ne sachiez quelque fois qu'on y conserve le souvenir du vôtre et des personnes qui, comme vous, en font l'honneur et l'ornement.*

Je suis, au reste, presqu'aussi dépourvu de nouvelles générales, que de nouvelles particulières. Nous avons bien ici, il est vrai, presque tous les mois, un paquebot d'Angleterre qui nous procure des journaux; mais semblables aux échantillons de plantes et de fleurs que les botanistes expédient et dans lesquels on ne trouve plus ni couleur, ni odeur, lorsqu'ils arrivent à leur destination, les nouvelles politiques changent complètement de nature quand elles ont passé par

1. 3 mars 1828 au 7 août 1829.

certaines mains. Je suis donc arriéré de trois mois au moins, sur ce qui se passe autour de vous et Dieu sait combien trois mois ont dû apporter de changements dans la position des armées russes et ottomanes, dans notre attitude en Morée, nos conquêtes *à Alger, l'actrice en vogue, la couleur à la mode et la forme des chapeaux! Je me trouve bien malheureux d'ignorer tout cela.*

Je le regrette d'autant plus que je n'ai plus de distractions. Depuis qu'à l'aide d'une grosse peur, nous avons rétabli nos affaires en ce pays, nous n'avons plus le moindre prétexte de nous fâcher. Et si l'accord parfait est une chose essentielle en musique et en ménage, il faut convenir (entre nous et sans en rien dire aux dames qui pourraient en tirer de mauvaises conséquences) que cela tend à l'engourdissement et à l'ennui. Je l'éprouve ici. Il n'est plus possible de se fâcher avec des gens qui sont toujours de notre avis, comme cela a lieu depuis mon arrivée. D'un autre côté, on n'entend plus parler de corsaires, ni de pirates. Je ne demande donc pas mieux que d'aller voir ailleurs ce qui s'y passe.

Le ministre de la Marine était, avons-nous dit, en janvier 1829, le baron Hyde de Neuville. C'était un royaliste ardent, mais d'opinions très libérales. Il a laissé de nombreux écrits traitant des questions de presse ou touchant à la politique du moment.

Ses mémoires, publiés en 1890, contiennent des détails sur les événements auxquels il a été mêlé [1].

Comme ministre de la Marine, M. Hyde de Neuville a prononcé, à la Chambre des Pairs, des discours sur les améliorations à apporter à quelques-uns des services de son département. L'amiral Roussin y fait allusion dans la lettre précitée et il les approuve, *moins, dit-il, par l'amour-propre d'y avoir contribué moi-même, que par le plaisir de les voir approuver par un juge si honorable.* Puis il ajoute : *il n'est pas douteux que nous n'ayons fait des progrès depuis dix ans et que nous ne soyons sur la voie d'en faire encore d'essentiels. C'en serait un entr'autre bien réel (et je pense là-dessus entièrement comme vous, Monsieur l'Amiral) que de fondre dans le corps des officiers de la marine celui des ingénieurs des constructions navales, qui s'égarent dans des théories savantes, sans se donner la peine de s'arrêter à la pratique et celui des artilleurs qui sont devenus si étrangers à la mer, que nous avons été forcés de les laisser à terre. Il est certain que toutes ces divisions, tous ces corps séparés, énervent notre personnel et nous conduisent, de plus en*

1. Paris, 1890-1891, 3 vol.

plus, à mille lieues du but auquel il faut arriver, sous peine de nous déshonorer tôt ou tard. Malheureusement cette excellente idée a échoué au Conseil d'Amirauté, deux mois après mon départ, ainsi qu'on me l'a écrit. Je ne crains pas de dire que c'est perpétuer chez nous une véritable calamité. Il ne faut pas vivre à bord de nos vaisseaux et regarder autour de soi pour être frappé de ce qui leur manque en installations de mer et de guerre, parce que les constructeurs et les artilleurs ne naviguent pas et mettent leur esprit de corps à résister aux observations des officiers de vaisseau.

C'est là-dessus qu'il faut insister, Monsieur l'Amiral; car il y a là une énorme pierre d'achopement. Fusion la plus générale possible des élémens principaux de l'armée navale, ou bien point d'armée navale. Je ne vois aucun milieu quelconque dans cette alternative.

Am. Roussin

Cette fusion demandée par l'amiral Roussin en 1829, considérée par lui comme étant indispensable, attend encore sa réalisation ! Un corps d'ingénieurs artilleurs a bien été créé par une loi du 5 novembre 1909, mais en vue d'assurer le fonctionnement des services techniques de l'artillerie de la marine en France, en Tunisie, et éventuellement dans les colonies. Ces ingénieurs artilleurs ne naviguent pas.

Les ingénieurs constructeurs (génie maritime) restent également à terre. L'acte constitutif de ce corps est une ordonnance du 25 mars 1765.

L'amiral Roussin, cédant à l'indépendance de son caractère et s'autorisant sans doute aussi de l'amitié qui l'unissait à son ministre, ne se contentait pas de lui donner des conseils au point de vue des réformes qu'il jugeait indispensables d'apporter dans le service général de la Marine, il n'hésitait pas à le critiquer, comme il le fit, par exemple, à propos de discours trop élogieux prononcés par lui à la Chambre des Pairs :

Vous avez fait, lui écrit-il de Rio-Janeiro, *de beaux éloges de tous les heureux à la mode : Stampalio, Navarin* [1], *Alger ont obtenu vos louanges. C'est une grande récompense que d'entendre applaudir à ses actions devant une illustre assemblée. Mais plus cette récompense est considérable, plus il est nécessaire d'en être avare et de ne l'accorder qu'aux faits véritablement dignes d'admiration.*

. . . .

Il n'y a que l'avantage d'un moment à exagérer l'éloge d'une chose quelconque : le tems de la vérité arrive tôt ou tard. L'histoire prend la plume, quand celle des journaux a disparu, et tout se tire au clair. Ajoutons même qu'on diminue d'autant plus le mérite d'une action, qu'elle a eu le malheur d'être trop vantée

1. Dans une autre lettre, qui fait l'objet de notre annexe n° 2, l'amiral Roussin exprime, avec sa franchise ordinaire, toute sa pensée sur la bataille de Navarin.

d'abord. Peut-être l'affaire du Navarin sera-t-elle jugée plus tard moindre qu'elle n'est réellement, et le gouvernement a eu tous les torts imaginables de n'en pas présenter franchement et clairement tout l'ensemble et les incidens.

Et continuant son amicale leçon, il ajoute : *Il n'y a pas en France d'objet sur lequel il soit plus indispensable d'être vrai, que sur la marine. Elle possède peu de juges compétens : c'est donc aux juges par excellence, aux interprètes-nés de la marine, devant un des premiers tribunaux du Royaume, à la faire connaître telle qu'elle est, afin que les marins sachent ce qui leur manque encore; et que le public connaisse les immenses sacrifices qu'il doit faire pour avoir réellement une marine. Si l'on en croyait les journaux, nous serions arrivés au but, et nous en sommes encore à grande distance. Ne pensons qu'à la franchir et non à nous louer des quelques pas que nous pouvons avoir faits.*

. . . .

Bon Roussin

C'est fort bien pensé et fort bien dit. Mais M. le baron Roussin est-il bien sûr, s'il avait été ministre de la Marine à cette époque, qu'il n'aurait pas tenu le langage de M. Hyde de Neuville. Qu'il écrive à son ministre que *l'affaire de Navarin, accomplie dans un port tranquille, sans exiger aucune manœuvre, n'a pas donné la preuve que nous avons des officiers et des équipages marins,* c'est une opinion qu'on peut exprimer dans une lettre privée, mais non à la tribune d'un Parlement.

Nommé préfet maritime de Brest par le gouvernement de Louis-Philippe, promu vice-amiral en 1831, l'amiral Roussin fut envoyé à Constantinople en qualité d'ambassadeur (1832). Il y resta sept ans.

Rappelé en 1839, il fut ministre de la Marine dans le cabinet du 1er mars 1840; promu amiral et ministre de la Marine, pour la deuxième fois, en 1843.

Il est mort en 1854, à l'âge de soixante-treize ans.

LE BARON SANÉ,

(Jacques-Noël)

Inspecteur général du Génie maritime, Chevalier de S.t Michel et de S.t Louis, Commandeur de la légion d'honneur

Né à Brest, (Finistère) le 18 Février 1740, élu en 1807

SANÉ

OU LE VAUBAN DE LA MARINE

Au nombre des hommes qui ont le plus contribué à faire progresser l'architecture navale en France, on peut citer tout particulièrement *Jean-Baptiste Hubert*[1], qui imagina de nombreuses machines en vue de perfectionner et de simplifier le travail des ouvriers; *Blaise-Joseph Ollivier*[2], qui surprit, en Angleterre et en Hollande, le secret des méthodes de la construction navale, alors supérieures à celles suivies en France, et qui fit bénéficier la marine française des renseignements qu'il avait recueillis; *Joseph-Noël Baron Sané*[3], dont les remarquables plans types de navires n'ont été abandonnés que par l'emploi de la vapeur.

C'est de ce dernier dont nous parlerons.

Après avoir passé par tous les grades, Sané avait qua-

1. Né en 1781, † 1845.
2. Né en 1701, † 1746.
3. Né en 1740, † 1831.

rante-neuf ans lorsqu'en 1789 il fut nommé sous-directeur des Constructions navales. Directeur en 1792, puis chef civil le 20 août de l'année suivante, il se trouva investi de deux importants services. Mais homme de devoir avant tout, travailleur infatigable, il n'eut qu'une pensée : se consacrer tout entier à ses doubles fonctions.

On peut s'étonner que sa conduite, si digne d'éloges, ait été l'objet, de la part de l'amiral Truguet, ministre de la Marine[1], d'observations et même de reproches. Mais, comme il le dit lui-même, sa haute situation était ardemment convoitée et il ne pouvait échapper à la calomnie. Sané y fut très sensible. Il crut donc nécessaire d'adresser à son ministre la lettre suivante, non pour s'excuser (il n'avait pas à le faire, n'ayant rien à se reprocher), mais pour lui exposer les difficultés de toute nature qu'il éprouvait dans l'exercice de ses doubles fonctions.

Cette lettre très respectueuse et en même temps très digne, est empreinte d'une telle sincérité qu'en la lisant on se sent attiré encore davantage vers cet excellent serviteur, qui fut, toute sa vie, si dévoué au bien de l'État.

1. Du 8 novembre 1795 au 18 juillet 1797.

(Pour vous seul.)

Brest, le 11 germinal an V. Rép.

Citoyen Ministre,

Les lettres que vous m'avez fait l'honneur de m'écrire le 1er germinal m'affectent à un point inexprimable puisque vous désaprouvez la conduite que j'ai cru devoir tenir dans la position pénible et cruelle où je me trouvais. Depuis près d'un an que j'occupe la place d'ordonnateur, je n'ai éprouvé que peines et sollicitudes; j'ai tout sacrifié, même mon propre repos, pour remplir vos vues et répondre à votre confiance; j'ai surmonté tous les obstacles et fait tête aux orages en tout genre, j'ai résisté à tout avec courage, mais je ne puis soutenir l'idée d'encourir la disgrâce de mon Ministre, parce que mon attachement et ma vénération pour lui sont sans bornes.

Vous voulez bien, Citoyen Ministre, m'assurer que seul j'ai votre confiance; c'est par suite de la conviction que j'en avais que j'ai cru devoir agir comme je l'ai fait, tant pour votre propre gloire et votre tranquillité personnelle, que pour le salut du port de Brest. Car, Citoyen Ministre, quels eussent été les résultats funestes de l'annonce de la privation de toute subsistance à plus de huit mille individus, qui n'ayant aucun moyen pécuniaire se trouvaient dans un instant condamnés à la famine la plus affreuse; on ne peut envi-

sager sans frémir une telle situation et ses suites; je n'ai pas besoin d'insister davantage auprès d'un ministre aussi juste qu'éclairé, qui connaît parfaitement les ports et les malheureux qui y sont employés.

Ainsi que j'ai eu l'honneur de vous l'annoncer par ma lettre du 29 ventôse, tous les arrêtés du Directoire sont exécutés, plus de rations à qui que ce soit, par conséquent tout moyen d'en faire descendre à terre est détruit; plus de copeaux aux ouvriers[1]*, ainsi une dilapidation scandaleuse est anéantie; plus de traitement, ni de rations dans le port après dix jours, d'où doit s'en suivre célérité dans les réarmements.*

Mais pour remplir vos vues, Citoyen Ministre, et parvenir à mettre à exécution tous ces divers articles, sans exciter la moindre commotion, il falloit de l'argent ou du pain; à défaut du premier moyen, il ne restoit que de faire usage du second et il n'a été employé qu'avec sagesse et discrétion, puisque l'ouvrier seul n'en reçoit que la quantité qui lui est indispensable pour subsister et que d'ailleurs il sera obligé d'en tenir compte sur ses salaires[2]*; dès lors ce n'est plus une ration, c'est un secours momentané, enfin c'est du pain, et peut-il s'en passer?*

Pesez, je vous supplie, dans votre sagesse, Citoyen

1. Les ouvriers avaient le droit d'emporter des copeaux, mais dans les limites indiquées par la loi.

Un arrêté de Jean Bon Saint-André mit fin aux dilapidations qui résultaient de cette mesure bienveillante.

2. La valeur des subsistances fournies aux ouvriers était retenue sur le prix de leur journée, en se conformant strictement au maximum fixé par la loi.

Ministre, et ma conduite et les motifs qui m'ont déterminé et j'ose croire que je ne paraîtrais plus coupable à vos yeux; mais si cette mesure dictée par l'impérieuse nécessité dut priver l'ouvrier du salaire en numéraire qui lui a été annoncé pour le mois germinal, il ne me reste plus d'espoir de maintenir le calme et la subordinnation dans le port de Brest; nul motif de crainte, nulle considération particulière ne me porte à vous parler avec cette franchise qui m'est naturelle; je suis sur les lieux, je connois la situation de tous, et qui que ce soit ne peut mieux que moi juger de la disposition des esprits.

Vous me prescrivez formellement par votre lettre particulière de faire commencer la fabrication du biscuit; vos ordres ont été sur-le-champ mis à exécution; mais, pour parvenir à remplir vos vues, il ne me reste d'autre moyen que de prendre les farines du citoyen Wathier, dont j'ai eu l'honneur de vous adresser dernièrement la soumission; je vous prie de me la renvoyer promptement revêtue de votre approbation.

Permettez-moi, Citoyen Ministre, de vous témoigner combien je suis affecté de l'opinion que vous paraissez avoir sur la faiblesse de mon caractère; vous pensez que je me laisse entourer de gens qui, sous les dehors trompeurs de l'amitié, cherchent à me séduire et à me faire suivre l'impulsion de leurs sentiments. Non, Citoyen Ministre, je n'ai point d'amis, ni ne puis en avoir; on est trop envieux de la place que j'occupe pour que je puisse compter sur l'attachement de qui que ce soit; j'en ai suffisamment de preuves; mais constant dans le plan de conduite que je me suis prescrit, nul ne me devine, nul ne peut dire avoir ma confiance; je ne prends conseil de personne et je m'égarerais seul si mes propres lumières deviennent insuffisantes; vous avez pu voir d'ailleurs par ma lettre du 21 ventôse que j'étois en but à bien des gens, parce que j'avois rempli mes devoirs avec honneur et fermeté; les menaces qu'on me fait faire journellement par des voyes obliques ne m'épouvantent point; ma conduite est toujours la même et on ne me forcera jamais à changer de sistème. Voilà la vérité, Citoyen Ministre, et je vous supplie de n'en point douter.

Mais qui mieux que vous peut me juger, depuis que vous m'avez nomé à une place aussi importante que difficile, je ne me suis attiré aucun reproche de votre part; votre séjour à Brest semble même vous avoir confirmé dans la bonne opinion que vous aviez conçu de moi, puisque pendant ce tems et depuis votre retour à Paris, vous ne m'avez témoignes aucun mécontentement; nulle plainte même ne vous est parvenue, parce que le méchant devient toujours lâche et timide devant un ministre vertueux.

Pardonnez, Citoyen Ministre, à l'étenduë de cette lettre, mais je le devois ainsi pour ma satisfaction et pour mon entière justification. Puissent les vérités que je vous soumets vous prouver que je suis et serai toujours digne de votre estime et puisse votre réponse apporter dans mon âme le calme qui lui est nécessaire pour remplir dignement la place que vous m'avez confié et pour soutenir mon courage dans la situation la plus pénible où administrateur se soit jamais trouvé.

Agréez.....

Après soixante-trois ans de service, Sané fut mis à la retraite en 1817.

Il était grand officier de la Légion d'honneur, membre de l'Académie Royale de Marine et de l'Institut. Il est mort à Paris le 23 août 1831.

Pl. XXII

Le BAILLI DE SUFFREN

LE BAILLI DE SUFFREN

SA CAMPAGNE DANS LES INDES (1781). — SON SÉJOUR A PARIS SA MORT (1788)

Né en 1729 et entré au service de la Marine en 1743, Suffren ne cessa de guerroyer pendant sa longue carrière[1]. Nous ne le suivrons ici que dans sa campagne aux Indes (1781-1783).

Il sortit de Brest avec 5 vaisseaux et 2 frégates, le 22 mars 1781, livra combat au commodore Johnston à Praya (île du Cap-Vert), puis se rendit à l'île de France, où il prit le commandement de la division de l'amiral Dorves, malade. Il venait d'être nommé chef d'escadre.

Les forces dont il disposait étaient alors de 11 vaisseaux, de 3 frégates et de 3 corvettes.

A partir de ce moment, une lutte de chaque jour s'engage avec l'amiral anglais Hughes. Suffren le ren-

1. Combat entre l'escadre du lieutenant général M. de Court et la flotte anglaise (22 février 1744). En 1748, il est fait prisonnier dans un combat que soutint la division commandée par de Létanduère. Il est de nouveau fait prisonnier à Lagos par l'escadre de l'amiral Boscawen (1759). Sous les ordres du comte d'Estaing, il se signale dans l'attaque de Rhodes-Island (1778) et à la prise de Grenade (1779).

contre à Madras, puis à la hauteur de Provédien (sur les côtes de Ceylan), enfin à Négapatam, où la flotte anglaise dut battre en retraite.

Débarrassé un instant de son adversaire, Suffren, dont les forces avaient été augmentées de 2 vaisseaux de ligne, d'une frégate, d'une corvette et de 8 transports chargés de troupes, attaque Trinquemalé, qui capitule le 30 août 1782.

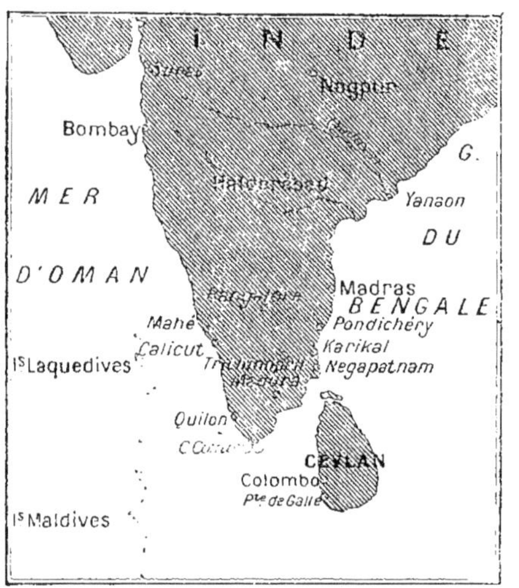

Mais, de son côté, l'amiral Hughes se porte sur Gondelour, et cette ville, assiégée également par terre, aurait infailliblement succombé devant des forces aussi considérables sans l'arrivée de Suffren, qui obligea les Anglais à lever le siège (20 juin 1783).

Huit jours après, *la Surveillante* lui apportait la nouvelle officielle de la signature de la paix à Versailles et l'ordre de rentrer en France.

Suffren était encore à Trinquemalé, lorsqu'il écrivit la lettre suivante, datée du 2 du même mois. Cette lettre est d'autant plus intéressante qu'elle nous fait connaître son appréciation, très modeste du reste, sur

Pl. XXIII

Combat en vue de Gondelour

le combat du 20 juin 1783 et les causes qui l'ont empêché d'obtenir les résultats heureux qu'il espérait, c'est-à-dire la destruction complète des flottes anglaises.

C'est avec bien du plaisir, mon cher, que j'ai reçu la lettre que vous m'avez fait l'amitié de m'écrire par la Surveillante. *Vous aurez su par mes précédentes l'affaire du 20 juin; peut-être qu'à l'examiner de près n'y a-t-il que du bonheur. Mais le fait et le résultat est pour nous. Une escadre de 15 vaisseaux, avec le triste désavantage du nombre, de la sorte de vaisseaux et de la célérité de marche, en bat une de 18 et la force de se retirer à Madras, abandonnant l'armée qui faisait le siège. Dans les trois guerres que j'ai vu il ne s'est rien fait de mieux.*

Mais il ajoute :

C'est une faible consolation de ce que nous avons manqué. Nous avons des officiers qui ont fait tantôt bien, tantôt mal, par exemple, Du Chilleau[1] *s'est conduit parfaitement le 20 juin et toujours, excepté le 1er et le 3 septembre.*

Voilà pourquoi je désirerais fort qu'il n'y eut point de Conseil de guerre. Saint-Félix[2], *excepté à Trinquemalay, méritait des éloges et récompense. D'ail-*

1. Duchilleau de Laroche, qui commandait *le Sphinx*, de 64 canons.

2. De Saint-Félix qui commandait *le Brillant*, de 64 canons.

Suffren avait écrit au ministre, après le combat du 3 septembre 1782 : « J'ai le cœur navré par la défection la plus générale, je viens de manquer l'occasion de détruire l'escadre anglaise. » . . . .

Il cite plusieurs officiers qui ont demandé à quitter leurs vaisseaux et il ajoute : « J'ai été trop mécontent d'eux pour ne pas le leur accorder avec plaisir. Si je ne change pas plusieurs autres, c'est faute d'avoir des personnes en état de commander les vaisseaux » (Batailles navales de Troude.)

leurs, je crois que c'est pas le moment d'avilir le corps et la multiplicité des vilaines choses l'avilit nécessairement; de plus, comme il y a loin d'ici à la guerre, les exemples seraient perdus. Je pense qu'il y en a qu'il ne faut plus employer, d'autres leur donner des congés plus ou moins, selon leur mérite. Vous me connaissez assez pour être persuadé que ce que je vous dis est pour le bien : au moins je le vois de cet œil-là.

. . . .

Le b. de Suffren

Cette lettre intime, écrite à un ami, nous montre le mauvais esprit qui régnait à la fin du règne de Louis XVI dans le corps des officiers de la Marine française. Est-il nécessaire d'ajouter qu'il eut, pour notre pays, dans certaines circonstances, des résultats désastreux. Combien Kerguelen a eu raison d'écrire : « Tant que les officiers français auront ces sentiments d'orgueil, cette suffisance révoltante, cette morgue qui leur fait constamment tourner en dérision ou prendre en haine les chefs qu'ils devraient respecter, le pavillon de la France s'abaissera toujours sur la mer devant celui de l'Angleterre, et ils iront tous successivement remonter la Tamise et servir de risée au peuple de Londres. »

Les causes de ce mauvais esprit remontaient à Louis XIV; elles persistèrent durant les règnes de Louis XV, de Louis XVI et jusqu'à l'Empire.

Suffren quitta Trinquemalé le 5 octobre 1783. Il relâcha le 12 du même mois à l'île de France, où il fut reçu, dit-il, avec sa modestie ordinaire, *bien mieux qu'il ne le méritait;* puis, après un séjour au Cap, il jeta l'ancre dans la rade de Toulon le 26 mars 1784. Il arriva à Paris le 3 avril suivant.

Après quelques heures de repos chez M. de Sainte-James, trésorier de la Marine, le bailli se rendit à Versailles pour être présenté au roi.

Nommé par Louis XVI, vice-amiral et ambassadeur extraordinaire près de Sa Majesté Très Chrétienne, il s'installa à Paris, rue de Bourbon, dans l'ancien hôtel de Coigny et de Montmorency, qui appartenait à M. Robert Rondé.

Le bail fut fait pour trois années à partir du 1er juillet 1784; il est signé par M. Robert Rondé et du bailli lui-même [1].

De Robert Rondé

1. La rue de Lille, qui doit son nom à la belle défense de cette ville contre

L'appartement comportait un rez-de-chaussée et un entresol. La pièce principale, le salon, dans lequel on remarquait quatre jolis dessins de porte peints à l'huile, représentant des paysages, donnait sur un jardin garni de fleurs et d'arbres fruitiers. Un large balcon régnait sur toute la largeur du jardin, faisant face à la Seine, à laquelle on avait accès par un escalier en pierre, fermé par une grille.

Le bailli de Suffren mourut le 10 décembre 1788.

Jal, dans les *Scènes de la vie maritime*, a raconté le motif pour lequel l'illustre marin se battit avec le le prince de Mirepoix. Il y a lieu d'ajouter foi à son récit, confirmé du reste par d'autres écrivains, entre autres par Cunat, dans son histoire du bailli de Suffren.

Le corps de Suffren fut inhumé dans l'église du Temple[1].

les Autrichiens en 1792, est l'ancienne rue de Bourbon, nom qui lui venait de Henri de Bourbon, abbé de Saint-Germain. Cette rue date du XVIIe siècle; elle a été ouverte sur le grand Pré aux Clercs.

La rue de Lille est une des rues du VIIe arrondissement qui a été le mieux habitée.

A la fin du XVIIIe siècle et au commencement du XIXe, nous y relevons les noms du *comte Réal*, l'ami de Danton, l'accusateur public au tribunal révolutionnaire (le comte fut conseiller d'État sous Napoléon dont il avait toute la confiance, puis préfet de police pendant les Cent Jours); du *duc de Brancas*, l'ami de Sophie Arnould; de *Mandat*, commandant la garde nationale en 1792 et qui fut tué à l'Hôtel de Ville dans la journée du 10 août; du général *comte de Nansouty*, qui joua un rôle si brillant dans toutes les campagnes de l'Empire; de *Masséna*, duc de Rivoli, l'enfant chéri de la Victoire. Du *maréchal Mortier*, qui fut tué le 28 juillet 1835 par la machine infernale de Fieschi, etc., etc...

(Extrait d'une notice rédigée par moi et qui a paru dans le *Bulletin de la Société d'histoire et d'archéologie* des VIIe et XIe arrondissements de Paris, n° 20, décembre 1919.

1. Annexe 3.

Pl. XXIV

Amiral TRÉHOUART

L'AMIRAL TRÉHOUART

SA MISSION DANS LE GROENLAND

(1835-1836)

En 1833, le comte de Rigny, alors ministre de la Marine[1], chargea M. de Blosseville, qui commandait *la Lilloise* en qualité de lieutenant de vaisseau, de protéger les pêcheurs français sur les côtes d'Islande et de procéder, à cette occasion, à des opérations magnétiques dans les mers arctiques.

M. de Blosseville avait alors trente et un ans[2]. C'était un officier distingué qui, entré comme volontaire dans la marine en 1818, avait déjà collaboré à différentes missions scientifiques, entre autres à celle que fit *la Coquille* de 1822 à 1825, sous les ordres du capitaine Duperrey.

La Lilloise quitta Rochefort le 9 juin 1833 et, depuis cette date, aucune nouvelle de ce bâtiment n'était parvenue au ministère de la Marine[3].

1. Ministre de la Marine du 13 mars 1831 au 4 avril 1834.

2. Né à Rouen le 29 juillet 1802. A publié, en 1832, une *Histoire des explorations d'Amérique*.

3. Il n'écrivit qu'à son frère et à M. Duperrey : sa correspondance est datée du 5 août, deux mois après son départ.

Par trois fois on envoya à sa recherche. Tout d'abord *la Bordelaise,* que commandait M. Dutaillis ; puis, *la Recherche,* à deux reprises, en 1835 et 1836, commandée par M. Tréhouart, alors lieutenant de vaisseau. Ces deux officiers ne rapportèrent aucun renseigne-

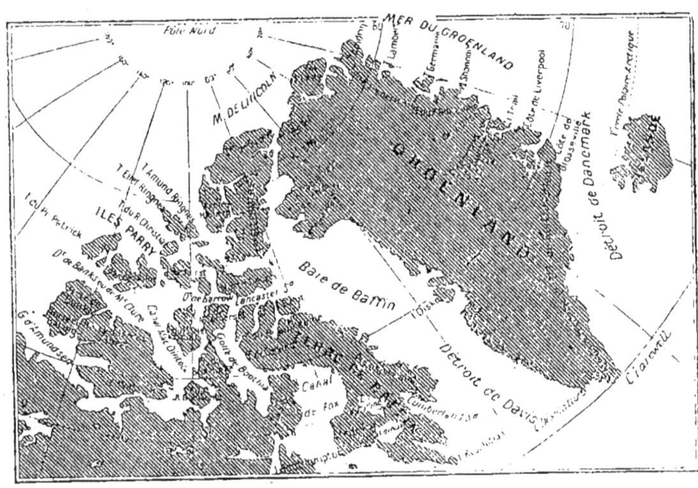

ment sur *la Lilloise*, qui, semble-t-il, fut prise et brisée par les glaces.

M. Tréhouart a rendu compte des résultats infructueux de ses deux missions dans des rapports qui ont été publiés *in extenso* par la Société de Géographie [1]. Mais ce sont des rapports officiels, rédigés dans le style sec que l'on connaît, qui, en réalité, ne sont que des journaux de bord relatant les incidents de la navigation. Il nous a paru intéressant de les compléter par

1. 2e série, 4, 1835, p. 129. — 2e série, 6, 1836.

la publication d'une lettre tout à fait intime, dans laquelle l'auteur, après s'être abandonné aux regrets, bien compréhensibles du reste, de ne pas avoir reçu la récompense qu'il croyait avoir méritée à la suite d'une navigation aussi difficile que périlleuse, donne sur les lieux visités par lui et sur les mœurs du Groënland des détails vécus au contact de ses habitants.

Brest, 23 décembre 1836.

Mon Général,

J'ai appris les démarches que vous avez bien voulu faire pour moi auprès de notre nouveau ministre [1]. *Je viens vous en remercier, et vous prier de les renouveller avec instance, dans ce moment que l'on choisit ordinairement pour faire quelques heureux. D'après les promesses formelles qui m'ont été faites à mon retour et la nature de la périlleuse mission que je viens de remplir, j'étais loin de m'attendre à être obligé de recourir encore à vos bons offices. Je supposais que la position spéciale où m'avait placé la navigation si difficile des glaces me donnait droit à un avancement immédiat et particulier. Je croyais l'avoir mérité, par la manière hardie avec laquelle j'ai exécuté ma mission, n'ayant reculé, pour en venir à bout, devant aucune fatigue, ni aucun danger. Il paraît que mes espérances étaient trop élevées, car je n'ai reçu jusqu'à présent que de très beaux com-*

1. Le vice-amiral de Rosamel, ministre de la Marine du 6 septembre 1836 au 30 mars 1839. Il venait de succéder au baron Duperré.

pliments et de formelles promesses, qui ne contentent point mon amour-propre de marin, froissé par cet oubli, et mon ambition que je crois juste et fondée.

Je vous prie donc, mon Général, de m'être encore en aide, dans cette question si importante pour mon avenir, et de vous rappeler que dans dix circonstances j'ai été sur le point de partager le sort de l'infortunée Lilloise *que je cherchais; et que du tems de paix qui court, on ne trouve pas tous les jours l'occasion d'exposer sa peau pour le service de son pays. J'enrage en pensant que le capitaine du* Luxor[1] *fut l'objet d'une faveur spéciale du roi, tandis qu'avec plus de titres que lui, je serai obligé d'attendre qu'une grande promotion qui ne paraîtra que dans quelques mois vienne peut-être enfin m'accorder la récompense qui m'est si bien due.*

Lorsque vous en trouverez l'occasion, veuillez présenter mes hommages respectueux à Monseigneur le duc de Joinville. L'année dernière il eut la bonté de me faire dire qu'il avait lu mon rapport avec intérêt; celui de cette année m'aura, je l'espère, mérité sa bienveillance, car, étant marin, il a été à même d'apprécier la position critique où je me suis trouvé

1. Le capitaine du *Luxor* était M. de Verninac de Saint-Maur, qui devint ministre de la Marine en 1848. Il avait été nommé lieutenant de vaisseau en août 1824 et était par suite plus ancien de grade que le lieutenant Tréhouart.

Louis-Philippe, ainsi que la reine, Mme Adelaïde et tous les princes se rendirent à Cherbourg pour l'arrivée du *Luxor*, qui avait reçu l'ordre de s'arrêter dans ce port. C'est là que le roi fit M. de Verninac capitaine de corvette.

et la lourde responsabilité assumée sur ma tête, lorsqu'il m'a fallu quitter Frederiskhaab, et retraverser trente lieues de glaces, avec un bâtiment qui avait déjà laissé sur une d'elles cinq pieds de son étrave, et que le moindre choc, ou seulement un coup de tangage un peu violent, pouvait faire couler à pic.

J'ai fait mon possible pour vous rapporter un ours blanc, mais ces bêtes sont rares et difficiles à mettre en cage. Malgré l'envie qu'avait ma femme et le plaisir que j'aurais eu à en offrir une à Madame de Rumigny, je n'ai pu me procurer de peaux. Le Groënland est curieux à cause de son affreuse aridité; dans plusieurs lieues de pays que j'ai parcourues en chassant le lièvre blanc et la gélinotte, je n'ai pas trouvé assez de végétation pour nourrir une chèvre; ce n'est qu'un immense rocher, presque entièrement couvert de neige, même au cœur de l'été. Les malheureux esquimaux qui habitent cette côte désolée sont d'un caractère extrêmement doux et d'un physique étrange au premier abord, mais auquel on s'habitue à cause de la bonté empreinte sur leur physionomie; le vol et l'assassinat sont inconnus parmi eux. Le loup marin est la nourriture, le vêtement, le chauffage, l'éclairage, le tout enfin du Groënlandais; si cet animal venait à quitter les côtes, la population disparaîtrait aussitôt, car il ne lui resterait aucun moyen d'existence.

L'esquimau dans sa pirogue, appelée kaiac, *est ce que j'ai vu de plus curieux, en marine, depuis vingt-cinq ans que je parcours le monde. C'est à mes yeux l'homme poisson, le Roi de la mer. La vitesse qu'il imprime à la frêle machine qui le porte, et avec laquelle il semble faire corps, est extraordinaire et dépasse de plus d'un tiers celle du meilleur canot de* la Recherche. *C'est avec une adresse sans égale qu'il attaque le loup marin et lui lance un dard à plus de trente pas, sans presque jamais le manquer. Les Danois ont établi des communications entre les différents établissements au moyen des naturels; ils sont nommés par eux* poste-mans *et font 25 lieues pendant plusieurs jours de suite, sans se fatiguer le moindrement.*

J'étais encore à plusieurs lieues au large, quand je rencontrai le premier. Faute d'observations, j'ignorais ma position et je tirais des coups de canon pour appeler un pilote. Mes boulets allaient se perdre dans les magnifiques glaces dont la mer était encombrée et dont plusieurs s'élevaient à 180 pieds au-dessus de son niveau. J'aperçus enfin au milieu d'elles un point noir que je pris pour la queue d'un poisson, mais bientôt au moyen de ma longue vue je distinguai le mouvement transversal d'une pagaye et peu d'instants après un esquimau était le long du bord. Je fis descendre deux hommes dans les porthaubans, et dans un clin d'œil, l'homme et la pirogue, toujours liés ensemble, était sur le gaillard d'arrière de la Recherche. *Comme à toutes les questions que je lui adressais pour connaître la position de l'établissement de Frédérickshaab, que je cherchais, il répondait par le mot* pamint, *en indiquant la partie sud de la côte, je conclus que ce* pamint *pouvait être quelqu'un, ou quelque chose bons à connaître, et je me déterminai à écrire et à demander un pilote. Aussitôt que mon Groënlandais fut en possession de ma lettre que j'accompagnai de quelques galettes de biscuit et d'un verre d'eau-de-vie, il fit signe de le mettre à l'eau et disparut bientôt au milieu des glaces. Sept heures après, il avait fait quatorze lieues, il était de retour à bord et m'apportait une réponse de M. Moller, directeur de l'établissement. Cette lettre écrite en danois m'embarrassa beaucoup, attendu que personne n'était capable de la traduire. Cependant les trois mots anglais* to make post, *employés à dessein, me firent supposer que je pouvais entrer dans le port, et dans cette persuasion, je me laissai conduire par plusieurs esquimaux qui se disputaient l'honneur de piloter le bâtiment. Un peu avant de donner dans les passes, je reçus la visite empressée de M. Moller, qui venait m'offrir ses services. L'entrée de* la Recherche *dans les étroits canaux qui forment la rade de Frederickshaab, fut presque triomphale; car dans ce moment nous étions entourés par plus de cent kaïac et remorqués par un grand nombre de bateaux armés par des femmes. Jamais le pavillon français n'avait été vu sur ces côtes, et l'on nous prit pour des Espagnols qui d'après les traditions du pays l'ont visité dans le* XVe *siècle.*

Le directeur, sa jeune et jolie femme et un assistant sont les trois seuls européens qui habitent le district. Ils sont au service de la compagnie danoise du Groënland et sont chargés de l'échange de divers objets, contre quelques pelleteries, des peaux et de l'huile de loup-marin. Les esquimaux sont environ 600 et presque tous de la religion luthérienne. Ils sont, en général, beaucoup plus civilisés que nos bas-bretons, et savent tous lire et écrire.

J'ai rapporté deux modèles de pirogues et un costume complet d'esquimau très curieux. Si vous croyez, mon général, que ces objets puissent être agréables au duc de Joinville, je vous prie de les lui offrir de ma part.

. . . .

. . . .

Recevez, Général, l'assurance de mon respectueux dévouement.

Vice-amiral Tréhouart

Rue de la Rampe, 50, Brest.

M. Tréhouart n'attendit pas longtemps son avancement. Promu capitaine de corvette quelques mois après, il fut fait officier de la Légion d'honneur et reçut un commandement. Nommé capitaine de vaisseau en 1843, il prit part à l'expédition qui eut lieu, de concert avec l'Angleterre, contre don Manuel Ortiz Rosas. Il s'y distingua d'une façon toute particulière.

Amiral en 1869, il mourut en 1873. M. Tréhouart avait été nommé sénateur en 1859. Il était grand-croix de la Légion d'honneur.

Vice-Amiral VILLARET DE JOYEUSE

LE VICE-AMIRAL VILLARET DE JOYEUSE

ET LA CAPITULATION DE LA MARTINIQUE (1809)

Le 3 février 1794, un corps d'armée de 15.000 hommes, commandé par sir Ch. Grey et John Gervis se présenta devant la Martinique. Après trente-deux jours de siège, le général de Rochambeau, qui commandait, capitula.

Le traité d'Amiens rendit cette colonie à la France (27 mars 1802).

En 1809, la Martinique fut de nouveau attaquée par les Anglais. Le capitaine général Villaret de Joyeuse dut également capituler, après une résistance énergique de vingt-sept jours.

Rentré en France, Villaret apprit qu'il était l'objet d'accusations les plus calomnieuses, qu'on rejetait sur lui toutes les responsabilités de la perte de la Martinique. Il s'en défendit, demanda à passer devant un conseil de guerre. On le lui refusa. Il fut démonté de son commandement et un lieu de résidence lui fut imposé. C'est alors qu'il écrivit de Rouen, à la date du 24 janvier 1811, la très belle lettre que voici :

Général,

Puisque vous voulés bien vous dépouiller un instant avec moy de votre manteau ministériel et m'engager à vous dire ma pensée avec confiance et franchise, pour servir de base à votre réponse à Sa Majesté si elle vous demandait votre opinion sur la manière de terminer mon affaire, je vais répondre à cette marque de votre bienveillance en vous ouvrant mon âme toute entière.

J'ai asses prouvé dans le cours de ma vie que je ne craignais pas la mort; je l'ai souvent cherchée dans le bras de la gloire; mais la fortune m'ayant trahi, et obligé aujourd'huy de descendre jusqu'à la justification, l'honneur me fait un devoir de tout tenter, pour dissiper les nuages dont on a cherché à obscurcir ma conduite. Je me dissimule ni les peines résultantes de la forme et du fond d'un conseil de guerre ni lissüe toujours douteuse d'un jugement : les fortes présomptions que doit donner contre moy l'opinion de quelques hommes revêtus de grandes dignités ne m'effrayent même pas; on voit dans les tribunaux civils les juges les plus éclairés pâlir au moment de prononcer un arrêt de mort contre un criminel qu'on a entendu, confronté et à qui on a communiqué toutes les pièces du délit : et un conseil d'enquêtes prononce sur l'honneur d'un militaire (bien autrement précieux pour luy que la vie) sans avoir voulu l'entendre sans luy avoir communiqué les accusations intentées contre luy, sans luy avoir demandé ses moyens de deffense et il motive son opinion sur mes propres lettres (quoiqu'il ait refusé ma correspondance), sur des dépositions d'officiers entendus, et qui ont été révoltés de cette inculpation; sur une négligence d'approvisionnement de bois de blindage qu'il n'a jamais été en mon pouvoir de me procurer, sur le défaut de brèche, impraticable si on s'était donné la peine de consulter les localités; et enfin sur la lettre confidentielle d'un agent de la haine duquel je m'honore.

Quand on a perdu la confiance de son maître sans avoir de reproche à se faire, et que l'honneur est compromis il faut savoir braver la mort pour reconquérir l'un et sauver l'autre. Ainsi, Général, j'aurais la certitude de succomber; celle que j'ai d'être lavé des soupçons de lâcheté, de prévarication et de trahison qui planent sur ma tête me ferait préférer le supplice à une vie traisnée dans une obscure ignominie. Fort de ma conscience et animé du désir de consacrer le reste de mes jours à Sa Majesté, je désire un jugement comme seul moyen de recouvrer ses bonnes grâces qu'il serait cependant bien plus flatteur pour moy d'obtenir de sa justice, après avoir jetté sur ma conduite le coup d'œil du héros qui pourra y trouver des fautes militaires mais un zèle, un dévouement, une abnégation de moy-même et des efforts dignes d'un meilleur sort.

Je tiens peu à Versailles; j'avais sollicité cette résidence pour y vivre plus œconomiquement avec un frère chargé de mes affaires depuis près de dix ans et qu'il me dit luy-même estre dans le plus grand délabrement par les faillites les moins prévues, la mort de ma mère dont la succession est encore en souffrance nécessiterait ce rapprochement; mais puisque c'est la seule ville aussi voisine des résidences de Sa Majesté que vous ne soyez pas authorisé à me permettre, je vous supplie, Général, si Sa Majesté juge à propos de différer son prononcé sur mon compte, de m'assigner Saint-Germain, Passy ou tel village qu'il vous plaira le plus près possible de Paris pour communiquer fréquemment par intermédiaires avec les gens entre les mains desquels sont les débris de ma fortune qu'on m'annonce encore dans le moment courir les plus grands risques; je crois innutile de vous assurer que quelque soit ma proximité de la capitale je m'en regarderai comme à mille lieues, mon respect au gouvernement et ce que je me dois doivent vous en être garants; cette faveur dépendant de vous je suis fondé à y compter d'après l'assurance que vous voules bien me donner que votre devoir rempli vous trouveries du bonheur à faire quelque chose qui me fut agréable.

Veüilles bien me faire passer vos ordres à cet égard le plutôt possible car je suis au moment d'être complètement ruiné par la faillite de Biderman; s'il était en votre pouvoir de m'accorder une quinzeine à Versailles avant de me rendre au lieu que vous me desi-

gneres, vous me rendries le service le plus signalé.

Agréés.....

Villaret

Satisfaction lui fut donnée.

Du reste, sa disgrâce fut de courte durée. Napoléon, sans doute mieux informé, l'appela, dans cette même année de 1811, aux fonctions de gouverneur général de Venise et lui confia le commandement de la 12ᵉ division militaire.

C'est dans ce poste qu'il est mort en 1812.

Son nom figure sur l'arc de triomphe de l'Étoile.

Pl. XXVI

Vice-Amiral de VILLENEUVE

LE VICE-AMIRAL DE VILLENEUVE

OFFRE SA DÉMISSION A L'AMIRAL TROGOFF (TOULON, 1793) SA LETTRE AU MINISTRE D'ALBARADE. — SA MORT

Dans le projet de décret qui fait suite au rapport préparé par Jean Bon Saint-André sur la trahison de Toulon, il est dit à l'article 2 :

« Le ministre de la Marine dressera sans délai, et remettra, au Comité de Salut public, le tableau des officiers civils et militaires de la marine à Toulon restés fidèles à leur devoir, et de ceux qui, par lâcheté ou perfidie, ont contribué à livrer aux Anglais le port et l'escadre de Toulon, afin que, sur le rapport qui lui en sera fait, la Convention Nationale statue ce qui sera jugé convenable. »

Écartons la liste douloureuse des faiblesses qui ont été commises pendant ce grand drame et arrêtons-nous aux noms de ceux qui n'ont écouté que le sentiment du devoir : ils sont plus nombreux.

Un nom fixe tout particulièrement notre attention, c'est celui de M. Villeneuve, alors capitaine de vaisseau. Cet officier se rallia franchement au gouvernement républicain et désespéré *de voir que Toulon persistait dans son état de fédéralisme*, il n'hésita même pas à briser sa carrière, en offrant sa démission à l'amiral Trogoff qui commandait dans ce port; mais, en même temps, il écrivit la lettre suivante[1] au ministre d'Albarade[2] :

Citoyen Ministre,

Incertain si la lettre que j'ai eu l'honneur de vous écrire de Toulon par l'entremise du commandant d'armes vous sera parvenue, je vais vous en retracer le contenu. Désespéré de voir que Toulon persistoit dans son état de fédéralisme, que le Vavasseur, Castellan et beaucoup d'autres excellents patriotes avoient été incarcérés pour avoir seulement émis leur opinion qu'il étoit absurde de rejetter une constitution sans en avoir seulement permettre la lecture, que moi-même je m'étois mis dans le même cas en professant les mêmes principes, je signifiai au général Trogoff que mon intention étoit de donner ma démission, que le peuple environné de trahisons, n'accordant aucune confiance à tout ce qui avoit appartenu à l'ancien régime, que la constitution ayant été acceptée dans mon département, je désirois y aller donner l'exemple de la pratique des vertus républicaines et du plus entier dévouement aux intérêts du peuple. Ma proposition fut acceptée sans peine et j'obtins un passeport. Je sortis de Toulon le même jour 23 août; le citoyen attaché à mon service qui

1. Datée de Valensolle le 2 septembre 1793, l'an II de la République Française.
2. Du 10 avril 1793 au 1er juillet 1795.

devoit me suivre le lendemain a été arrêté avec tous mes effets et tous mes papiers : il n'étoit question encore que de résister à l'armée du général Cartaux qui avançait sur Marseille. J'ai appris depuis l'horrible livraison de cette place, de son arsenal, de ses vaisseaux aux ennemis de la République. Accablé de douleur, j'attends ici, Citoyen Ministre, vos ordres soit que vous vouliés accepter ma démission par le seul motif de ma qualité de ci-devant noble, soit que le nouveau témoignage que je viens de donner de ma fidélité à la République vous permette de m'employer de nouveau de la manière et partout où son intérêt l'exigera.

Villeneuve

Promu contre-amiral en 1796, Villeneuve commandait le *Guillaume Tell* à la bataille d'Aboukir (1er août 1798). Il rallia Malte où commandait le général Vaubois. Il y était encore en mai 1800, date à laquelle il informe le contre-amiral, commandant des armes à Toulon, de la situation désespérée de l'île par suite du manque d'hommes et surtout du manque de vivres.

Si les dépêches dont j'ai chargé le citoyen Hervaud, enseigne de vaisseau, vous parviennent, écrit-il, vous y verres les détails des motifs qui nous ont portés à faire partir le général Decrès[1] *avec le* Guillaume Tell, *les*

1. L'amiral Decrès sortit de Malte sur le *Guillaume Tell*, dans la soirée

circonstances de son départ et la situation où nous nous trouvons. Nous pouvons tenir encore les mois de floréal et prairial, mais il est à craindre que si dans ces deux mois il ne nous arrive de puissants secours nous ne succombions en messidor. Nous n'avons plus d'autres légumes que pour douze distributions de ris, les viandes salées ont fini, nous y supléerons par des pâtes, l'huille va jusqu'à la fin de prairial, enfin pour dernière ressource nous avons une soixantaine de mules et de mulets que nous mangerons aussi. Presque tous les habitans de la ville l'ont évacuée et nous ne sommes plus ici qu'une poignée de français qui rempliront leur devoir jusqu'à la dernière extrémité. Les forces de l'ennemi devant Malte sont de cinq vaisseaux dont deux mouillés à l'embouchure du port et trois à Marsasiroco, trois frégates dont une mouillée devant Saint-Paul, les autres à la voile quatre à cinq bricks de guerre et un cutter à la voile, huit chaloupes canonières.

Salut et fraternité.

Villeneuve

du 3 février 1800. Immédiatement attaqué par des bateaux en croisière, Decrès, blessé, dut abandonner le commandement.

Le *Guillaume Tell*, qui avait perdu plus de 200 hommes de son équipage, n'ayant plus que son mât de misaine, fut pris à la remorque par l'ennemi et conduit à Syracuse.

Le général Vaubois capitula le 3 septembre 1800, toute prolongation de résistance étant devenue impossible.

Quant à l'amiral Villeneuve, il avait pu, quelque temps avant la capitulation, sortir de Malte et gagner Toulon.

Nommé vice-amiral en 1804, Villeneuve commandait en chef, à Trafalgar, l'armée combinée franco-espagnole, forte de trente-trois vaisseaux. On sait quels furent les résultats de cette malheureuse journée, qui coûta à la France dix-huit vaisseaux coulés, brûlés ou perdus et 7.000 hommes.

Les Anglais eurent 3.000 morts, dont l'amiral Nelson, qui fut tué d'une balle partie du *Redoutable*.

Fait prisonnier, l'amiral Villeneuve revint en France en 1806. Il s'arrêta à Rennes et dans une chambre d'hôtel, il écrivit à sa femme une lettre dans laquelle il lui annonce sa résolution d'en finir avec la vie[1].

1. Annexe 4.

ANNEXES

ANNEXE N° 1

COMMANDANT BEDOUT

Bedout.
Brumaire an 4.
—
ciers militaires.
—
citoyen Havard.
—
né copie le 21,
la 4e division.
—
au Capne Bedout
5 brumaire an 4.
49

Rapport au Directoire exécutif

Le capitaine Bedout, qui commandait le vaisseau le Tigre *au combat du 5 messidor dernier, vient d'arriver des prisons d'Angleterre.*

Il a déjà été rendu compte au Comité, le 28 fructidor, du courage et de l'intrépidité de cet officier; 300 hommes tués, 150 blessés, 8 pieds d'eau dans la calle, toutes les manœuvres hachées, Bedout couvert de blessures, seul sur son gaillard, et renversé sans connaissance, c'est dans cet état que le Tigre *s'est rendu à 5 vaisseaux anglais qui le combattaient depuis longtems.*

Le Comité, sur le rapport du commissaire de la Marine, a décidé alors que ce capitaine passerait de la 3e classe à la 1re, et cette promotion a été le prix de sa conduite militaire.

Mais les pertes énormes que sa prise lui a occasionnées, ses effets, ses provisions, tout a passé au pouvoir de l'ennemi. Il ne rapporte d'Angleterre que son zèle et son courage.

Je ne proposerai point le remplacement général de ses effets; mais je crois qu'il est de la justice, de l'intérêt même du gouvernement de lui rendre ceux qui tiennent à son état d'officier de marine.

Ces articles sont : un sabre, une épée, une paire de pistolets, un sextant d'Hersent, une longue-vue de Dollon pour le jour et la nuit.

Et une gratification extraordinaire de
qui puisse en l'indemnisant le mettre en état d'exercer un autre commandement.

Je prie le Directoire d'approuver ces propositions et de déterminer le montant de la gratification.

Je représente au Directoire que mon prédécesseur avait déjà remis ce rapport au Comité de salut public et que le capitaine Bedout assure qu'il avait été approuvé; mais comme il fallait le concours avec le Comité des finances, c'est à ce dernier Comité que le rapport est resté ou égaré.

Signé : TRUGUET.

Approuvé, par le Directoire exécutif, le don des instrumens et la gratification cy-dessus.

S. M. REVELLIÈRE-LÉPEAUX.

REUBELL,
président
(qui de sa main a écrit *dix-huit mille livres*).

CARNOT.

ANNEXE N° 2

L'AMIRAL ROUSSIN

SA LETTRE AU MINISTRE HYDE DE NEUVILLE
SUR LA BATAILLE DE NAVARIN

. . . .

Permettez-moi d'observer, mon général, que l'affaire de Navarin, toute brillante qu'elle paraisse aujourd'hui, et que les journaux et la circonstance du moment l'aient faite, les éloges que vous lui accordez peuvent faire prendre le change sur des choses qu'il serait de la plus grande importance, pour l'instruction du public et de la Marine, de présenter avec fidélité. Je ne parle pas du motif qui a décidé l'événement de Navarin contre toute attente : j'ai été témoin à Paris de la stupeur qu'il a causé au Gouvernement : je vois à présent les embarras qu'il occasionne et qu'il produira encore. Il est le fait de l'amiral Codrington et probablement celui de l'amiral russe qui avait là un intérêt direct; quant à nous, nous n'avons fait que suivre bon gré mal gré. Je ne parle pas non plus de l'énorme disproportion de forces qui existait entre 10 vaisseaux de ligne européens et un nombre de bâtimens considérable il est vrai, mais Turcs et Egyptiens, parmi lesquels il ne se trouvait que 3 vaisseaux de ligne, c'est-à-dire, entre ce que l'art militaire de la marine a de plus parfait et ce que l'absence totale de tout art quelconque a de plus barbare. Mais j'observerai que, contradictoirement avec ce que vous paraissez avoir appris, l'armée européenne s'est placée à son poste sans coup férir, sans être inquiétée d'aucune manière quelconque, *ni par les forts, ni par les bâ-*

timens ennemis et que ce n'est qu'après que tous ceux qui ont voulu se bien placer, ont eu pris leur poste, que l'action a commencé. Or, mon général, vous savez parfaitement que tout était dans cet important préliminaire; que toute la difficulté de l'affaire consistait à se placer auprès de cette tourbe de soi-disant bâtimens de guerre pour parvenir à l'écraser dans un moment. Une fois les postes pris, il y avait mille chances contre une en faveur des Européens.

Voilà ce qu'il eût été utile de dire avec l'autorité de votre position, mon général, pour tirer de l'affaire de Navarin des leçons nécessaires au public et à nous-mêmes et pour mettre fin à tant de divagations qui se répètent chaque jour dans nos journaux. L'effet de l'erreur où l'on est à cet égard retombera un jour d'aplomb et le plus malheureusement du monde sur la marine, lorsque dans des chocs réellement sérieux et à chances égales de forces et de talents, elle n'obtiendra pas si facilement les résultats qu'on admire dans l'affaire de Navarin. L'opinion publique est si faussée aujourd'hui sur cette affaire que si à l'avenir un bâtiment français ne coule pas à fond le bâtiment de même force qu'il combattra, son capitaine sera deshonoré. Et pourtant, mon général, il ne faut pas douter un moment qu'il y aurait infiniment et sans nulle comparaison plus de gloire à un brig français de détruire ou seulement de résister sans désavantage à un brig anglais de sa force qu'il n'y en a eu dans l'ensemble de l'action de Navarin. Comme affaire politique, je ne vois dans celle de Navarin qu'une échauffourée sans vue, sans plan, sans calcul; car s'il y avait eu du calcul il fallait tout détruire et ne pas laisser 38 bâtimens ennemis se relever après l'affaire comme on l'a fait. C'était en même tems vouloir et ne pas vouloir, et c'est ce qu'il y a de pis en politique, car le ressort qu'on n'a fait que comprimer réagit contre la main qui l'abandonne. Comme bataille navale à l'ancre, je n'aperçois qu'une surprise, une action dépouillée des plus grandes difficultés de ces sortes d'affaires : celle de se placer devant l'ennemi et son feu. *Comme bataille quelconque je n'y aperçois point ce qui y donne du prix :* l'égalité de forces et de talents. *Quant à des actes particuliers de courage et de résolution, je ne les nie assurément pas. Les capitaines qui se sont placés franchement à côté d'un ennemi égal ou supérieur, ont agi d'une manière digne d'éloges. Mais le mérite n'a pas été général, soit qu'il y ait eu des obstacles ou du malheur, ou enfin défaut d'ordre et de plan préparés à l'avance. Enfin j'ajoute que l'affaire de Navarin, accomplie dans un port tranquille, sans exiger aucune manœuvre, n'a pas donné la preuve que nous avons des officiers et des équipages* marins, *comme on s'empresse de le publier. Voilà ce qu'il faudrait exposer franchement pour que le public sache, et nous-mêmes surtout, ce qu'il y a encore à faire chez nous pour avoir une marine.*

. . . .

Le contre-amiral
Baron Roussin.

ANNEXE N° 3

LE BAILLI DE SUFFREN

ACTES MORTUAIRE ET D'INHUMATION

L'an 1788, le 10 décembre, a été présenté à cette église et transporté en celle de Sainte-Marie du Temple, à Paris, le corps de très illustre religieux seigneur frère Pierre André de Suffren Saint-Tropès, bailli, grand-croix de l'ordre de Saint-Jean de Jérusalem, vice-amiral de France, chevalier des ordres du Roi, ambassadeur extraordinaire de la Religion auprès de Sa Majesté très chrétienne, ancien capitaine et général des galères de son ordre, commandeur des commanderies de Jalès, Trinquetaille et Puismoipson, au grand prieuré de St-Gilles et de Troyes, au grand prieuré de France, décédé d'avant-hier, dans son hôtel, chaussée d'Antin, âgé de cinquante-neuf ans et quatre mois, en présence de Marie Gabriel Louis Texier d'Hautefeuille commandeur des commanderies de Slype et de Laon, de Charles Gabriel Dominique de Cardenat d'Havrincourt, bailli, grand-croix de l'ordre de Saint-Jean de Jérusalem, commandeur de la commanderie de Beauvoir-lez-Abbeville, maréchal des camps et armées du Roi; de haut et puissant seigneur Pierre Marie de Suffren, comte de Saint Tropez, gouverneur de la ville et citadelle de Saint-Tropez et colonel du régiment de Bassigni, et de messire Charles Eugène de Bernier de Pierrevert, vicaire général du diocèse d'Aix, abbé commendataire de l'abbaye de Mazan, tous deux ses neveux, témoins soussignés : le chevalier d'Hautefeuille, le bailli d'Havrincourt, le comte de Suffren de Saint-Tropez, l'abbé de Pierrevert, de Bruny de la Tour d'Aigues.

*
* *

L'an 1788, le 10 décembre, le corps de très illustre religieux, seigneur Pierre André de Suffren de Saint-Tropez, bailly, grand-croix de l'ordre de Saint-Jean de Jérusalem, vice-amiral de France, chevalier des ordres du Roi, ambassadeur de la Religion auprès de Sa Majesté, ancien capitaine et général des galères de son ordre, commandeur des commanderies de Jallès et autres, décédé d'avantier, âgé de cinquante-neuf ans, a été inhumé dans l'église de cette paroisse par nous prieur, curé du Tem ple soussigné en présence des soussignés avec nous : le bailli d'Havrincourt, le bailly de Saint-Simon, bailli de Crussol, le comte de Suffren Saint-Tropez, de Rumilly, l'abbé de Pierreverte (un nom illisible), de Ligny de Laquesnoy, prieuré du Temple.

ANNEXE N° 4

AMIRAL VILLENEUVE

Sa lettre a sa femme

Ma tendre amie, comment recevras-tu ce coup? hélas, je pleure plus sur toi que sur moi. C'en est fait j'en suis au terme où la vie est un opprobre et la mort un devoir, seul ici, je suis frappé d'anathème par l'empereur, repoussé par son ministre qui fut mon ami, chargé d'une responsabilité immense dans un désastre, qui m'est attribué et auquel la fatalité m'a entraîné, je dois être un objet d'horreur à tout le monde, je dois mourir! Je sais que tu ne peux goûter aucune apologie de mon action, je t'en demande pardon, mille pardons, mais elle est nécessaire et j'y suis entraîné par le plus violent désespoir. Vis tranquille, emprunte les consolations des doux sentiments de religion qui t'anime, mon espérance est que tu y trouveras un repos qui m'est refusé. Adieu, adieu, sèche les larmes de ma famille et de tous ceux auxquels je puis être cher. Je voulais finir, je ne puis, quel bonheur que je n'aye aucun enfant pour recueillir mon horible héritage, et qui soit chargé du poids de mon nom. Ah! je n'étais pas né pour un pareil sort, je ne l'ai pas cherché, j'y ai été entrenné malgré moi, adieu, adieu.

TABLE DES MATIÈRES

DUGUAY-TROUIN

COMMANDANT ARISTIDE DUPETIT-THOUARS

VICE-AMIRAL COMTE ÉMERIAU

COMMANDANT LOUIS DE SAULCES DE FREYCINET

CONTRE-AMIRAL DE KERGUELEN

MARQUIS DES HERBIERS DE L'ÉTANDUÈRE
chef d'escadre.

VICE-AMIRAL COMTE DE RIGNY

VICE-AMIRAL COMTE ROSILY-MESROS

AMIRAL BARON ROUSSIN

BARON SANÉ, inspecteur général des Constructions navales.

BAILLI DE SUFFREN

AMIRAL TRÉHOUART

VICE-AMIRAL VILLARET DE JOYEUSE

VICE-AMIRAL DE VILLENEUVE

ANNEXES

TABLE DES PLANCHES

TYPOGRAPHIE FIRMIN-DIDOT ET Cie. — MESNIL (EURE).

www.ingramcontent.com/pod-product-compliance
Ingram Content Group UK Ltd.
Pitfield, Milton Keynes, MK11 3LW, UK
UKHW022057260726
13993UKWH00001B/180

9 782329 195155